Trilogia do Confinamento

MÍBIA, NÃO! EMBARQUE IMEDIATO **O CAMPO DE BATALHA** NAMÍBIA,
EDIATO O CAMPO DE BATALHA **NAMÍBIA, NÃO! EMBARQUE IMEDIATO**
MÍBIA, NÃO! **EMBARQUE IMEDIATO O CAMPO DE BATALHA** NAMÍBIA
EDIATO O CAMPO DE BATALHA **NAMÍBIA, NÃO! EMBARQUE IMEDIATO**

Coleção Paralelos

Coordenação de texto Luiz Henrique Soares e Elen Durando
Preparação Elen Durando
Revisão Marcio Honorio de Godoy
Capa e projeto gráfico Sergio Kon
Editoração A Máquina de Ideias/Sergio Kon
Produção Ricardo W. Neves e Sergio Kon

Aldri Anunciação

TRICONLOFINGIAAMEDONTO

EMBARQUE IMEDIATO O CAMPO DE BATALHA NAMÍBIA, NÃO! EMBAR
DE BATALHA **NAMÍBIA, NÃO!** EMBARQUE IMEDIATO **O CAMPO DE BATA**
EMBARQUE IMEDIATO O CAMPO DE BATALHA **NAMÍBIA, NÃO!** EMBAR
DE BATALHA **NAMÍBIA, NÃO! EMBARQUE IMEDIATO** O CAMPO DE BATA

ILUSTRAÇÕES
RODRIGO CHEDID_BICHO COLETIVO

PERSPECTIVA

Copyright © Aldri Anunciação

Realização
Núcleo Melanina Acentuada de Produção
Administração Cardim Projetos e Soluções Integradas
Consultoria Jurídica Ana Cartaxo
Agenciamento Curatorial Leonel Henckes

CIP-Brasil. Catalogação na Publicação
Sindicato Nacional dos Editores de Livros, RJ

A645t
    Anunciação, Aldri, 1977-
    Trilogia do confinamento / Aldri Anunciação ; ilustração Rodrigo Chedid. - 1. ed. - São Paulo : Perspectiva, 2020.
    248 p. : il. ; 21 cm. (Paralelos ; 36)

    Apêndice
    ISBN 978-65-5505-032-5

    1. Anunciação, Aldri, 1977-. 2. Teatro brasileiro. I. Título. II. Série.

20-65796   CDD: 792.0981
                                                        CDU: 792(81)

Camila Donis Hartmann - Bibliotecária - CRB-7/6472
06/08/2020   06/08/2020

1ª edição.
Direitos reservados à

EDITORA PERSPECTIVA LTDA.

Av. Brigadeiro Luís Antônio, 3025
01401-000 São Paulo SP Brasil
Tel.: (55 11) 3885-8388
www.editoraperspectiva.com.br
2020

MÍBIA, NÃO! **EMBARQUE IMEDIATO** O CAMPO DE BATALHA **NAMÍBIA,**
CAMPO DE BATALHA **NAMÍBIA, NÃO!** EMBARQUE IMEDIATO **O CAMP**
MBARQUE IMEDIATO **O CAMPO DE BATALHA** NAMÍBIA, NÃO! **EMBAR**
BATALHA **NAMÍBIA, NÃO! EMBARQUE IMEDIATO** O CAMPO DE BAT
E IMEDIATO O CAMPO DE BATALHA **NAMÍBIA, NÃO! EMBARQUE IMED**
MÍBIA, NÃO! **EMBARQUE IMEDIATO** O CAMPO DE BATALHA **NAMÍBIA,**
CAMPO DE BATALHA **NAMÍBIA, NÃO! EMBARQUE IMEDIATO** O CAMP
EMBARQUE IMEDIATO O CAMPO DE BATALHA **NAMÍBIA, NÃO! EMBAR**
BATALHA **NAMÍBIA, NÃO! EMBARQUE IMEDIATO** O CAMPO DE BAT
E IMEDIATO O CAMPO DE BATALHA **NAMÍBIA, NÃO! EMBARQUE IMED**
MÍBIA, NÃO! **EMBARQUE IMEDIATO** O CAMPO DE BATALHA **NAMÍBIA,**
CAMPO DE BATALHA **NAMÍBIA, NÃO! EMBARQUE IMEDIATO** O CAMP
EMBARQUE IMEDIATO O CAMPO DE BATALHA **NAMÍBIA, NÃO! EMBAR**
BATALHA **NAMÍBIA, NÃO! EMBARQUE IMEDIATO** O CAMPO DE BAT
E IMEDIATO O CAMPO DE BATALHA **NAMÍBIA, NÃO! EMBARQUE IMED**
MÍBIA, NÃO! **EMBARQUE IMEDIATO** O CAMPO DE BATALHA **NAMÍBIA,**
AMPO DE BATALHA NAMÍBIA, NÃO! EMBARQUE IMEDIATO **O CAMP**
EMBARQUE IMEDIATO O CAMPO DE BATALHA **NAMÍBIA, NÃO! EMBAR**
ALHA **NAMÍBIA, NÃO!** EMBARQUE IMEDIATO **O CAMPO DE BATALHA** NAM
O **O CAMPO DE BATALHA NAMÍBIA, NÃO!** EMBARQUE IMEDIATO **O CA**
! EMBARQUE IMEDIATO **O CAMPO DE BATALHA** NAMÍBIA, NÃO! **EMBAR**
BATALHA **NAMÍBIA, NÃO! EMBARQUE IMEDIATO** O CAMPO DE BAT
JE IMEDIATO **O CAMPO DE BATALHA** NAMÍBIA, NÃO! **EMBARQUE IMED**
AMÍBIA, NÃO! EMBARQUE IMEDIATO **O CAMPO DE BATALHA** NAMÍBIA,
AMPO DE BATALHA NAMÍBIA, NÃO! **EMBARQUE IMEDIATO** O CAMP
EMBARQUE IMEDIATO O CAMPO DE BATALHA **NAMÍBIA, NÃO!** EMBA
ATALHA NAMÍBIA, NÃO! EMBARQUE IMEDIATO **O CAMPO DE BATA**
E IMEDIATO **O CAMPO DE BATALHA** NAMÍBIA, NÃO! **EMBARQUE IMEDIA**
MÍBIA, NÃO! **EMBARQUE IMEDIATO** O CAMPO DE BATALHA **NAMÍBIA,**
CAMPO DE BATALHA **NAMÍBIA, NÃO!** EMBARQUE IMEDIATO **O CAMP**
MBARQUE IMEDIATO **O CAMPO DE BATALHA** NAMÍBIA, NÃO! **EMBAR**
BATALHA **NAMÍBIA, NÃO! EMBARQUE IMEDIATO** O CAMPO DE BAT
JE IMEDIATO O CAMPO DE BATALHA **NAMÍBIA, NÃO! EMBARQUE IMED**

Sumário

Como Respirar?
Breve Olhar Sobre a Dramaturgia de Aldri Anunciação
[Leda Maria Martins]   11

NAMÍBIA, NÃO!

Que Bom Que Ele Permanece!
[Lázaro Ramos]   29

O Futuro em um Espelho
[Cleise Mendes]   31

Saudade ou Alívio?   35

[Peça]   37

EMBARQUE IMEDIATO

Um Embarque Necessário
[Dione Carlos]   115

Identidade Suspensa   119

[Peça]   127

O CAMPO DE BATALHA:
A Fantástica História de Interrupção de uma Guerra Bem-Sucedida

    Uma Trégua Feita de Pólvora, Palavras e Paralisia
    [Luiz Marfuz]   173

    Debate de Ideias no "Front"!   175

    [Peça]   177

Apêndice
Fichas Técnicas de Estreia dos Espetáculos   241

Como Respirar?
Breve Olhar Sobre a Dramaturgia
de Aldri Anunciação

Leda Maria Martins

ALDRI ANUNCIAÇÃO é, sem dúvida, um dos mais talentosos dramaturgos brasileiros da atualidade. Suas peças, assim como seus ensaios críticos, revelam uma mente inquieta, perspicaz, um fino e sofisticado senso crítico. Em suas criações, seja como escritor, ator ou diretor, ele alia a um fecundo imaginário, o tônus reflexivo. Sua instigante dramaturgia é um território fértil de inquirições e de aporias, composto por uma tessitura de teatralidade pulsante, lugar em que o pensamento é o dínamo de uma ação dramática sempre em processo de devir, assim como ambiente da possibilidade do debate catalisador e indutor de mutações desejadas, seja dos sujeitos ali dramatizados, seja da sociedade que os conforma e constitui.

Trilogia do Confinamento reúne três de suas peças, *Namíbia, Não!*, *Embarque Imediato* e *O Campo de Batalha*, nas quais podemos vislumbrar alguns dos meios *operandi* das proposições do que o autor denomina de *drama-debate* e *poética da discordância*, que se configura, na composição dos textos, como forma dramatúrgica e formulação conceitual, parte integrante de sua tese de doutorado sobre a dramaturgia do debate, desenvolvida na Universidade Federal da Bahia (UFBA).

Nas três peças, o debate se veste de várias formas, moduladas em cenas curtas e em diálogos céleres, em composições ritmicamente dinâmicas nas quais os fluxos de pensamentos, sentimentos e sensações aceleram e adensam as vertigens e as náuseas. Ali, o espectador se depara com duas personagens masculinas enoveladas em um confinamento compulsório que pulsiona seus conflitos interpessoais, provocando tensões intersubjetivas e sociais que as situações de exceção maximizam, subvertendo suas rotinas e as colocando em estados de crise. Presos em uma espacialidade-limite, os dois indivíduos se encontram confinados pelos dilemas impostos por essa condição e pelas tensões que ora distendem ora comprimem essa clausura, assim como ora os aproxima, ora os distancia, devido às suas reações díspares e contraditórias face às circunstâncias que os engolfam. Afloram nesses cenários conflitos de ideias, posturas, atitudes e reações dos sujeitos, expandindo os níveis e o alcance de seu desconforto e de seu desespero.

Os embates ocorrem em três instâncias básicas e basilares da articulação dramática. O ponto de partida é sempre motivado por uma interferência externa objetiva, que funciona como mola propulsora dos debates dramatizados pelas personagens encapsuladas. Há sempre um conflito com uma instância externa, objetiva, um comando diretor, seja ele um decreto, uma autoridade aeroportuária ou os gestores de uma guerra, que funciona como um algoz inacessível que se apresenta e se impõe por uma voz em *off*, dispositivo ampliador do poder autoritário, socialmente impositivo; há também um conflito interpessoal entre os dois indivíduos e, mais ainda, um embate interno, íntimo, que se processa no âmbito das percepções conflituosas dos sujeitos com relação a eles mesmos. O dentro/interior do espaço de clausura é disruptivo e disjuntivo, de efeito, inicialmente, paralisante. Nesses lugares de clausura, que são como não lugares, os indivíduos encapsulados estabelecem diálogos frenéticos e oscilam entre a análise de sua condição humana e de outros temas inusitados, às vezes sem nexos facilmente reconhecíveis, pelos quais transitam. Iscas de argumentos enovelam a ação sem duração progressiva aparente, na medida em que o pensamento se manifesta por expansões, cortes, recuos, voleios, interrupções que adensam, em uma temporalidade assim também constituída, as suas sensações e percepções. A atmosfera de confinamento se repete nos três textos.

Em *Namíbia, Não!*, dois jovens primos universitários, André e Antônio, recolhidos em um pequeno apartamento, enfrentam uma situação inusitada: o governo brasileiro, para não cumprir uma ordem de reparação dos efeitos da escravidão, decreta uma Medida Provisória que obriga a extradição da população negra de melanina acentuada para diversos países africanos. Essa resolução oficial é então o *leitmotiv* externo do conflito dos dois primos, aprisionados em um dilema: render-se às autoridades e aceitar o exílio involuntário, ou resistir, recusando-se a sair do imóvel, entrincheirando-se? Essa possibilidade é continuamente inquirida pela dificuldade maior de cunho identitário em relação aos dois protagonistas e à sociedade brasileira em geral: afinal, quem se considera negro? Daí derivam ideias distintas e discordantes sobre o decreto, sobre o racismo, sobre ser ou não ser negro, e mesmo sobre a desconhecida e ignorada África, um ponto de origem problematizado, como podemos observar no fragmento abaixo:

> ANTÔNIO: Você está desistindo, André? Só porque perdeu no Concurso Pro Curso Preparatório Pro Concurso Pra Diplomata de Melanina Acentuada do Itamaraty? É isso?
> ANDRÉ: Cansei dessa história de melanina acentuada... de melanina exaltada... destrambelhada! Melanina deslocada!
> ANTÔNIO (*surpreso*): O que é isso, André? Você vai aceitar essa Medida Provisória desastrosa, que acha que está fazendo um favor pra gente? (*Irritando-se.*) Não vai me dizer agora que você quer ir... pra aquela terra estranha?
> ANDRÉ (*surpreso*): Como assim, terra estranha? Vai querer negar agora? Vai negar sua origem? Sua cultura?

ANTÔNIO (*irritado*): Eu não estou negando nada! Somente estou lhe dizendo que a África pra mim, hoje, é um continente estranho. Não conheço ninguém lá!

ANDRÉ: E nossos parentes que ficaram lá?

ANTÔNIO: Devem estar cagando pra mim! Cagando pra você! Assim como o mundo caga pra eles! Eles não sabem quem nós somos, André! Você acha o quê? Que a gente vai chegar lá e vai ser recebido com honrarias no aeroporto? (*Antônio pulando pela sala, em alegria irônica.*) Fogos de artifícios pra receber os parentes que se foram séculos atrás e nunca mais mandaram notícias?

ANDRÉ: Não mandaram notícias, vírgula! Temos instituições seríssimas que sempre estudaram as relações africanas com o Brasil. Contato sempre tivemos!

ANTÔNIO: E esse contato melhorou em que a vida deles? (*Pausa.*) Esses estudos mataram a fome daquele povo? Eles sabem que foram escolhidos para ser o cu do mundo! Eles sabem que, apesar de terem contribuído com diversas culturas de produção econômica tempos atrás, como a cana-de-açúcar, o algodão e o café, hoje em dia a miséria é depositada lá! Isso faz parte da cartilha econômica. Em algum lugar a miséria tem que ser depositada. Ela não pode ser eliminada. Acabar com a miséria é uma utopia. E agora preste atenção que é lá que o nosso país está querendo nos depositar. Eu e você! Matou a charada? Consegue identificar o jogo do "Vamos Colocar as Coisas no Seu Devido Lugar"?

ANDRÉ (*decepcionado*): Não fala assim das terras de onde nossos parentes vieram, Antônio!

ANTÔNIO: Parentes? Como assim, parentes?

ANDRÉ: Você bem sabe da importância deles! Você sabe da importância daqueles países para a história econômica mundial, como você acabou de falar! Das conquistas africanas. Da importância de artesãos vindos de Moçambique e Angola para o desenvolvimento do barroco brasileiro, por exemplo. Nossa música... nossa culinária. Você se esqueceu que foi a medicina africana a pioneira em procedimentos cirúrgicos no cérebro? Esqueceu do africano Augustus Morgan... o criador do semáforo? A africana Patricia Bath, que inventou a técnica de cirurgia de olho a *laser*? Africanos, Antônio... Todos africanos![1]

Transitando entre o cômico e o dramático, a situação atinge paroxismos, na medida em que, trancados em casa e com a polícia exigindo sua saída, o *apartheid* se reveste de uma condição que vai além do lugar do confinamento e se expande pelos confinamentos mentais que, *a posteriori*, pulsionam a reação dos dois indivíduos. Os dois são obrigados a um ato de escrutínio identitário, de inquirição seja de sua mais íntima pessoalidade, seja das narrativas históricas. Isso os torna arautos de uma revisão necessária para o enfrentamento urgente de sua condição e para a tomada de decisões que possibilitem a eles reclamar sua liberdade e almejar um "lá fora" que corresponda à sua vontade e não à imposição do gesto autoritário. O eu, em um primeiro momento, encapsulado por uma tensão dissociativa, aos poucos adquire, por força da reflexão compulsória, uma certa consciência e autonomia de pensamento, de onde deriva o inédito travestimento, quase heroico, quase utópico, que traduziria uma nova ética da pessoalidade, vestida agora de propósitos de mudanças no comportamento, atitudes e reconhecimento de si, assim como de seu entorno e contexto sociais.

Ao longo da peça, o ritmo de ampliação da atmosfera de sufocamento é progressivo, as estratégias de composição cênica expandem os conflitos dos dois, seja em relação ao decreto, seja em relação a eles mesmos. Como observa Cleise Mendes:

[1] Ver infra, p. 64.

"O crescendo de privações cria uma inflação de angústia, sustentando a progressão para o desenlace. Contribui também vivamente para o ritmo da peça as invasões sonoras, como os diálogos externos que ampliam imaginariamente o microcosmo cênico e o projetam no espaço urbano."[2]

Podíamos acrescentar que a progressão da angústia e da sensação de sufocamento é também correlata ao progresso do processo de autorrevelação, em contínuo processo de devir e de articulação de narrativas argumentativas mais elaboradas e reveladoras. As cenas curtas, que funcionam como cortes na sintaxe narrativa, são assim reflexos do próprio corte da respiração dos sujeitos, imprimindo ao ritmo acelerado da ação uma cadência ofegante.

Em *Embarque Imediato*, os dois protagonistas, o Jovem Cidadão e o Velho Cidadão, estão presos em uma sala de aeroporto, totalmente despida de acessórios ou mobiliário, uma sala nua, *clean*. Seus documentos de identidade se extraviaram, estando os dois sob escrutínio das autoridades portuárias. Para além dessa situação convergente de aprisionamento, as tensões do diálogo entre os dois giram também, como em *Namíbia*, sobre as complexas identidades de ambos: o senhor mais velho nomeia-se um *agudá*, um descendente dos que retornaram à África e ali enfrentaram o drama de identidade entre ser e não ser mais africano, nomeando-se como sujeitos do trânsito territorial e cultural das diásporas. O Velho Cidadão busca sempre reafirmar uma identidade étnica do retorno, ainda que transfigurada pelos trânsitos diaspóricos. Ao contrário do Jovem Cidadão que, de início, recusa qualquer mitema identitário individualizado, ou melhor, etnicamente figurado, como se possível e desejável fosse alcançar o que poderíamos denominar de identidade anônima universal, desejoso de inserir-se socialmente e de integrar os valores da sociedade ocidental

---

2   Ver infra, p. 33.

capitalista, em busca quiçá de uma humanidade também anônima que extrapolasse ou minimizasse os traços fenotípicos e étnicos, ainda que residuais. Um *sujeito clean*, imagem espelhada do cenário que o atravessa. No embate entre os dois, de novo o riso é sutilmente provocado pela capacidade de formulação irônica das réplicas do mais velho, menos preso às conformidades de ajustes do mais novo, este sim emparedado em uma teia discursiva de postulações emblemáticas discutíveis em seus fundamentos, como a ideia de que a escravidão e a diáspora foram benéficas na formação e destino dos sujeitos afro nas Américas.

> VELHO CIDADÃO: Não quero comandar o seu navio de entendimento! Mas vou tentar te explicar! Os brancos daí também são diaspóricos... deslocados! Mas as circunstâncias favoráveis permitiram o constante retorno à sua Europa... e isso até hoje! Um trânsito de idas e vindas que atualizaram lugares necessários! Raramente conseguimos ver um negro das Américas que retorne ao menos pra visitar a África. Você, por exemplo, está indo pra Europa... pra conversar com o senhor Brecht! Se isso te faz concluir que o negro inventado pelo Ocidente é que nem um aplicativo de celular sem atualização... eu não posso discordar de você!
> [...]
> Quem nunca se perdeu nesses pequenos espaços da roupa? Hoje, prefiro roupas com menos bolsos... menos buracos! Que nem esta aqui! (*Alisa a própria roupa sem bolsos.*) Em vez dos bolsos, prefiro janelas. O que não é o caso dessa sala *clean*! A memória às vezes trai a gente... e a gente esquece! Ele deve ter esquecido a identidade e o passaporte lá... nesses buracos. A identidade perdida nele mesmo?

Ou ainda

JOVEM CIDADÃO: Se não fosse essa travessia, estaríamos todos na África ainda...
VELHO CIDADÃO: E qual o problema, se vocês não tivessem saído da África?
JOVEM CIDADÃO: Aproveitamos a dinâmica!
VELHO CIDADÃO: Separaram a juventude da velhice! Não se pode fazer essa separação!
JOVEM CIDADÃO: Perceba que nós conseguimos reverter o quadro... transformando essa travessia em um sucesso! Basta o senhor voltar os olhos pra América... e o senhor vai ver! Apesar das mortes e genocídios, onde o senhor consegue enxergar o povo negro rico no mundo, hein? Nas Américas!
VELHO CIDADÃO: Então você está me dizendo que as mortes e genocídios do povo negro são o preço do seu sucesso?
JOVEM CIDADÃO (*falando alto*): O senhor não quer admitir que a diáspora foi um sucesso! Admita! Estamos em um momento de "Oprah's effect"! Repare nos feitos da Oprah Winfrey! A diáspora foi um sucesso!
VELHO CIDADÃO: Sucesso?!
JOVEM CIDADÃO: Não diga que o senhor nunca percebeu o sucesso que fizemos na América? Na música, na medicina... diversas áreas! Impossível evitar o reconhecimento dessas conquistas. Dessa transformação!
VELHO CIDADÃO: Você está dizendo que ficamos pra trás! É isso?
JOVEM CIDADÃO: Agora sou eu quem não quero comandar o seu navio de entendimento!
VELHO CIDADÃO: E se vocês tivessem permanecido em terras africanas? E se a tal Oprah Winfrey tivesse nascido em Gana, hein? Empregado todo o seu talento por lá? Será que não seríamos o continente mais bem-sucedido da Terra?

JOVEM CIDADÃO: A nossa diferença nos faz grandes fora da África! Ser diaspóricos nos faz grandes!!!![3]

Diferentemente de *Namíbia*, aqui a situação se prolonga sem resolução imediata em vista. Os dois enovelam-se um com o outro e, ao mesmo tempo, desfiam e desvelam suas estruturas internas, aparentemente já mais fluidas, mantendo a possibilidade do diálogo e do reconhecimento mútuo, em um contínuo sem previsões utópicas ou distópicas, abrindo inúmeras possibilidades de desfecho desse inesperado encontro.

Já em *O Campo de Batalha*, os embates entre dois solitários soldados, captados nos intervalos de uma Terceira Guerra Mundial, interrompida pela falta de munição, traduz uma situação que encaminha os sujeitos para uma morte constantemente anunciada pela radicalização do *nonsense*. Nesse texto, a fragmentação espelha a ruína de um futuro distópico por excelência. O grotesco plasma o cenário do conflito bélico, em um futuro indeterminado, marcado pela linguagem fragmentada que arruína as desrazões da guerra, segmentando os temas, as situações, arruinando as narrativas subjetivas e institucionais, fazendo cessar o próprio fluxo dos pensamentos e os nexos relacionais, estes sendo sempre provisórios, como efeito do crivo absurdo-irônico dos relatos e das ordens que regem o conflito. Essa distensão narrativa é ampliada pelos vários recursos cênicos que interrompem a ação, espelhando também o total despedaçamento do corpo, do raciocínio e da vida, que se parte como a espacialidade erma e seca que compõe esse lugar não apenas de desterro, mas de desalento mortífero. Oscilando entre o hiper-realismo dos corpos decepados e a caricatura da lógica irracional dos senhores da guerra, entre a falta de razão e de sentido dos discursos autoritários e as tentativas dos soldados de recriar uma narrativa minimamente

---

3   Ver infra, p. 153, 145 e 154-155, respectivamente.

inteligível, de valores éticos e morais, entre o realismo das mortes anunciadas e a desfiguração caricatural do discurso, e seu quase esgotamento, o grotesco bélico, plástica e sonoramente impactante, é constitutivo da construção dramatúrgica e se materializa em uma paisagem atravessada por vertiginosos ruídos, feixes de luz, silêncios, sons aterrorizantes, ressonâncias, vozes; um aparato de imagens que anuncia o progressivo desespero e fragmentação objetiva dos dois soldados, ambos aniquilados, física e mentalmente, a caminho de um desfecho apocalíptico previsível. Mais uma vez, esses dispositivos de teatralidade contribuem, de modo fundamental, para a escritura cênico-dramática, expandindo o clima delirante da guerra e os dramas dos dois soldados.

A dissolução da linguagem coincide aqui com o célere desmembramento do sujeito. Se, nas duas peças anteriores, a atmosfera de violência é constantemente obliterada pela possibilidade de sublevação, e de reconstituição das identidades cindidas, predominando, na composição dramática, a farsa e a paródia, em *O Campo de Batalha* a resolução bélica apoia-se mais teatralmente no grotesco satírico, provocando o riso nervoso do espectador. Como afirma Luiz Marfuz:

> o riso se instila em lavas de palavras, nos clarões do silêncio e nas fagulhas da visualidade, recursos que se impõem não como explosão de encantamentos, mas como rastilhos de pólvora queimada.
>
> Ao leitor não caberia mais o desenfreado gargalhar crítico de si e do outro; mas um riso nervoso, tenso, de quem assiste a uma tragédia anunciada, próxima, imediata, e se pergunta se ainda é possível evitá-la.[4]

Nos textos que compõem a *Trilogia do Confinamento*, a ideia do drama-embate parece-me nomear também um certo *teatro*

---

4 Ver infra, p. 174.

do desconforto, no qual as personagens se apresentam como cantis de ideias colocadas em litígio, não apenas em direção ou relação a um antagonista externo, mas na própria subjetividade, em uma revisão das identidades, forjadas e até certo ponto confortáveis, que são deslocadas de seu lugar de repouso, justamente pelos desvios que as obrigam a reinventar-se. Apesar de minimamente figuradas como indivíduos, as personagens podem ser pensadas como alegorias de caracteres, como se, metonimicamente, esboçassem tipos genéricos, ou funções que são utilizadas como os muitos outros dispositivos da construção dramática, e não indivíduos plenos de pessoalidade distintiva. São menos representações e mais apresentações coletivas de identidades à deriva, ainda que esculpidas por alguns traços identitários que delineiam as máscaras que ali performam. O autor, em nota a *Embarque Imediato*, afirma que sua intenção seria configurar "mais um embate de forças coletivas do que de subjetividades encapsuladas. Intenta-se apresentar o coletivo travestido dramaturgicamente na unicidade do sujeito [...] Confinados naquele espaço-cena, a situação convergente tenta dramaturgicamente organizar uma desordem (semântica) de identidade[5]".

Nas três peças, Aldri flerta com a teatralidade do absurdo, mas dela também se afasta. Ainda que os espaços do confinamento, um pequeno apartamento, o leito seco de um rio, uma sala impessoal, se assemelhem a algumas espacialidades áridas e inóspitas de Beckett; ainda que o *nonsense* das situações e a sintaxe fragmentada das cenas curtas tornem possível detectar alusões peliculares ao teatro do absurdo, há, no entanto, uma diferença fundamental entre as composições de Aldri e essa estética. Nela, se cria um efeito contundente e inexorável de exílio entre os sujeitos, de paralisia do movimento e do sentido, de impossibilidade de conciliação do sujeito com a linguagem

---

[5] Ver infra, p. 120 e 119 respectivamente.

verbal, na medida em que esta já não tem mais o poder de comunicação social. Em Aldri, ao contrário, principalmente em *Namíbia, Não!* e em *Embarque Imediato*, o que abastece o drama-debate é justamente o discurso argumentativo, que sustenta a ideia de um movimento necessário do indivíduo em direção a uma ação transformadora, não impulsiva, mas meditativa, que ativa o poder do pensamento e seu efeito na ação progressivamente autoconscientizadora das personagens, em busca de superar aquilo que as oprime. Não à toa, as referências a Brecht em *Embarque Imediato* aludem a uma das motivações dessa dramaturgia: a provocação e a consequente ação de um movimento de ruptura com o preestabelecido, em direção a um enfrentamento da opressão, e, principalmente à revitalização do pensamento criador e criativo. O sujeito, assim movido e motivado, pode conquistar a emancipação mental necessária para a busca profícua da compreensão de si e da realidade. A mente liberta produz a reflexão sobre a própria necessidade de descolonização do pensamento, provocando, assim, a arritmia progressiva dos discursos discriminatórios e estimulando as tentativas de ruína de suas práticas. A construção argumentativa, que sustenta a própria revisão histórica almejada e propicia o debate de ideias, se impõe sobre o *nonsense* da situação, deslocando-a em favor da progressão do raciocínio dos protagonistas, estética e ideologicamente ancorando-se nos procedimentos do distanciamento épico e das proposições de Brecht, duplamente evocado em *Embarque Imediato* – como tema de uma anunciada pesquisa e como dispositivo cênico--dramatúrgico, uma poderosa e irônica voz em *off*.

Fissurar as certezas, expor os ocultamentos, levantar dúvidas, esses alguns dos efeitos da poética da dramaturgia do debate ou do drama-embate. Cinesia, não paralisia. Mutação. Este, talvez, o grande objetivo desta dramaturgia que refina a própria ideia do confinamento paralisante e obliterador, como, mais uma vez, nos revela o escritor que se propõe: "Ofertar ao público uma dramaturgia que traz para o debate da cena o conflito identitário do sujeito múltiplo e as consequências positivas e negativas dos trânsitos diaspóricos (analógicos e digitais) que produziram, e ainda produzem, identidades difusas se mostra oportuna se considerarmos a malha cultural na qual os povos de diversos blocos continentais têm se articulado."[6]

Há também que realçar, ainda que brevemente, a metalinguagem como um dos vários recursos de composição das peças. Dentre os procedimentos de metateatralidade estão as inúmeras referências a dramaturgos, epistemologias e pensadores, às vezes aludidos por apropriações poéticas, por paródias e mesmo por epígrafes. Aí se incluem os pensamentos do próprio dramaturgo, nas "Nota do Autor", um modo engenhoso de instalar suas proposições conceituais sobre o drama-debate e sobre temas correlatos, visando também, como ele mesmo afirma "deslocar o pensamento do leitor (independentemente da sua predominância étnico-fenotípica) e estimular sensações ligadas às questões sociais do nosso país"[7].

De certa forma, essas inserções do autor podem também ser pensadas como constitutivas da composição dramatúrgica em si pois, como dispositivo metateatral, funcionam quase como didascálias que integram e compõem a elaboração cênico--dramática; um suporte crítico de viés épico que me parece querer guiar a recepção do leitor, estabelecendo rotas de criação de sentido no jogo das interpretações. É como se o autor se insurgisse contra a propalada e não tão distante discussão teórica sobre a "morte do autor", e como intelectual que é, buscasse restaurar a relevância da autoria, como aquele que deixa rastros histriônicos de seus biografemas, *à la* Barthes, e de suas linhagens e filiação crítico-teóricas, diretor de criação de sua própria autoficção.

[6] Ver infra, p. 122-123.
[7] Ver infra, p. 35.

Curiosamente, o escopo acadêmico de algumas das personagens é sutilmente rasurado, problematizado e confrontado por outros saberes, como, por exemplo, os do Velho Cidadão, menos sujeito à absorção das formas, comportamentos, atitudes e valores preestabelecidos pelas lacunosas narrativas histórico-sociais, ao contrário de algumas das jovens e inicialmente ingênuas personagens, mais vulneráveis ao discurso institucionalizado que as discrimina, mas conforma. É também curioso que venha a ser de dentro e do âmbito mesmo de situações variadas de confinamento que explodam a potencialidade intelectiva do raciocínio, as aporias revisionistas e os horizontes de possíveis e desejáveis mutações e superação dos traumas individuais e coletivos ali dramatizados. Ou seja, ainda que o confinamento provoque o sufocamento do sujeito, muitas vezes mortal, nas tramas desta dramaturgia é dali, desses lugares mesmo de engolfamento, que circula a respiração que ventila o autoconhecimento. Ironias do Autor?

Aldri é um dramaturgo arguto, de alta criatividade, que provoca o riso nas situações dramáticas mais aterrorizantes, que aposta na necessária movência de posição de suas personagens e das situações que as afligem, propondo uma dramaturgia que se quer um poderoso instrumento de impulso à reflexão mobilizadora, um teatro que, apesar da crueldade, não abdica de uma teatralidade também potencialmente lúdica. Nas "Notas do Autor" para esta edição de *O Campo de Batalha*, Aldri, afirma: "Quando o teatro se encontra desprovido de sua ação dramática, o que pode acontecer em substituição?" E completa: "Convido a todos para, em conjunto, tentarmos suprir o esgotamento estético dos atos-munições do teatro com o devir. Que o vazio ocasionado pela escassez de munição (e pela ação dramática interrompida desta narrativa) nos conduza ao que denomino de drama-debate, que brota de uma possível poética da discordância."[8]

---

8   Ver infra, p. 175.

Esta dramaturgia revela-se assim força propulsora de um debate mais amplo de ideias e de proposições sobre as estruturas de poder, de natureza revisionista, dentre elas o racismo como sistema, e o capitalismo como motor da modernidade colonialista ocidental, numa tentativa de subtraí-las das conformidades que ainda as prolongam e disseminam. Apesar de projetar o narrado em um tempo alhures, a *Trilogia do Confinamento* nos instala nas agruras de nosso próprio Presente, não nos deixando ignorar todos os tipos de confinamento e de virulências que ainda nos circunscrevem. Aldri Anunciação, contudo, não abdica das pitadas de riso, tão necessárias às desejáveis sublevações e insurgências, e ao desejo de uma mais sadia e sábia existência, convites a uma prazerosa e instigante fruição.

LEDA MARIA MARTINS é poeta, ensaísta e dramaturga. Professora aposentada dos cursos de Letras e Artes Cênicas da Universidade Federal de Minas Gerais – UFMG. Publicou pela Perspectiva *Afrografias da Memória: O Reinado do Rosário no Jatobá* (1997, coedição com a Mazza) e *A Cena em Sombras* (1995).

O CAMPO DE BATALHA NAMÍBIA, NÃO! EMBARQUE IMEDIATO O CAMPO DE BATALHA **NAMÍBIA, NÃO! EMBARQUE IMEDIATO** O CAMPO DE BATALHA **NAMÍBIA, NÃO! EMBARQUE IMEDIATO** O CAMPO DE BATALHA **NAMÍBIA, NÃO! EMBARQUE IMEDIATO** O CAMPO DE BATALHA **NAMÍBIA, NÃO! EMBARQUE IMEDIATO** O CAMPO DE BATALHA **NAMÍBIA, NÃO! EMBARQUE IMEDIATO** O CAMPO DE BATALHA **NAMÍBIA, NÃO! EMBARQUE IMEDIATO** O CAMPO DE BATALHA **NAMÍBIA, NÃO! EMBARQUE IMEDIATO** O CAMPO DE BATALHA **NAMÍBIA, NÃO! EMBARQUE IMEDIATO O CAMPO DE BATALHA** NAMÍBIA, NÃO! **EMBARQUE IMEDIATO** O CAMPO DE BATALHA **NAMÍBIA, NÃO! EMBARQUE IMEDIATO O CAMPO DE BATALHA NAMÍBIA, NÃO!** EMBARQUE IMEDIATO **O CAMPO DE BATALHA NAMÍBIA, NÃO! EMBARQUE IMEDIATO** O CAMPO DE BATALHA **NAMÍBIA, NÃO! EMBARQUE IMEDIATO O CAMPO DE BATALHA** NAMÍBIA, NÃO! **EMBARQUE IMEDIATO O CAMPO DE BATALHA NAMÍBIA, NÃO! EMBARQUE IMEDIATO O CAMPO DE BATALHA NAMÍBIA, NÃO!** EMBARQUE IMEDIATO **O CAMPO DE BATALHA NAMÍBIA, NÃO! EMBARQUE IMEDIATO O CAMPO DE BATALHA** NAMÍBIA, NÃO! **EMBARQUE IMEDIATO O CAMPO DE BATALHA NAMÍBIA, NÃO! EMBARQUE IMEDIATO O CAMPO DE BATALHA NAMÍBIA, NÃO! EMBARQUE IMEDIATO** O CAMPO DE BATALHA **NAMÍBIA, NÃO! EMBARQUE IMEDIATO** O CAMPO DE BATALHA **NAMÍBIA, NÃO! EMBARQUE IMEDIATO** O CAMPO DE BATALHA **NAMÍBIA, NÃO! EMBARQUE IMEDIATO** O CAMPO DE BATALHA **NAMÍBIA, NÃO! EMBARQUE IMEDIATO** O CAMPO DE BATALHA **NAMÍBIA, NÃO! EMBARQUE IMEDIATO** O CAMPO DE BATALHA **NAMÍBIA, NÃO! EMBARQUE IMEDIATO O CAMPO DE BATALHA** NAMÍBIA, NÃO! **EMBARQUE IMEDIATO** O CAMPO DE BATALHA **NAMÍBIA, NÃO!** EM **O CAMPO DE BATALHA NAMÍBIA, NÃO!** EMBARQUE IMEDIATO **O CAMPO DE BATALHA NAMÍBIA, NÃO! EM** O CAMPO DE BATALHA NAMÍBIA, NÃO! **EMBARQUE IMEDIATO O CAM**

NAMÍBIA, NÃO!

O CAMPO DE BATALHA NAMÍBIA, NÃO! EMBARQUE IMEDIATO

Dedico esta história aos meus avós,

Matildes Souza Alves
José Francisco Alves

Joselita Alves de Almeida
Silvano Manoel da Anunciação

Que Bom Que Ele Permanece!

Lázaro Ramos

NAMÍBIA, NÃO! é um texto raro na dramaturgia brasileira. Um texto muito inspirado! Com uma história original. Quando tive a oportunidade de conhecê-lo por meio de Aldri Anunciação, não imaginava que iria me apaixonar por ele e pedir para dirigi-lo. E nem Aldri sabia que plantaria esse sentimento em mim.

Ao ler o texto, percebi uma obra inventiva e relevante de um autor que, naquele momento, fazia sua primeira incursão na área teatral. Trata-se de uma dramaturgia com uma fonte de pesquisa muito rica acerca da relação entre o Brasil e a África e cujas personagens são surpreendentes, um presente para qualquer ator. Assim, iniciou-se uma história construída no palco e que acabou se tornando um movimento ainda mais abrangente. As plateias que assistiam ao espetáculo *Namíbia, Não!* saíam estimuladas não só a discutir sobre o assunto, mas a rever um formato de dramaturgia para se falar do teatro negro contemporâneo no Brasil. Todo esse movimento acabou inspirando o presente livro – mais completo do que a peça teatral, uma vez que alguns dos seus conteúdos são mais destinados à leitura do que à encenação – e, posteriormente, o filme de longa-metragem *Medida Provisória*, que tive o prazer de dirigir também.

Desejo a você uma boa leitura e que o texto seja uma companhia inspiradora. Quando Aldri o escreveu, ele começava ali um caminho de inspiração através do teatro. Que bom que ele permanece!

LÁZARO RAMOS é ator de teatro, cinema e televisão, apresentador, cineasta e escritor de literatura infantil. Iniciou a carreira no Bando de Teatro Olodum, de Salvador.

O Futuro em um Espelho

Cleise Mendes

A IMAGINAÇÃO FICCIONAL não conhece limitações de tempo e de espaço: tanto pode oferecer visões de épocas e lugares facilmente reconhecíveis como pode aventurar-se por mundos estranhos e projetar-se em dias que virão, sejam eles risonhos ou apocalípticos. Como o bem e o mal costumam frequentar igualmente nossos devaneios criativos, quando buscam figurar o futuro, os escritores ora dão forma ao desejo de um mundo melhor através de utopias, realizações virtuais de uma sociedade justa e igualitária, ora parecem captar nossos piores pesadelos, plasmando mundos do amanhã sombrios e opressivos. A segunda vertente, que é a das distopias, ou seja, narrativas em que o futuro toma formas assustadoras, vem predominando na ficção contemporânea.

A literatura e o cinema já nos habituaram aos universos distópicos em que megacorporações, detentoras de alta tecnologia, buscam dominar o mundo (ou, mais modestamente, apenas manter controle sobre os cidadãos de um país) e as cidades em escombros, devastadas por epidemias e gangues violentas, ou invadidas por toda sorte de clones e androides, com seres humanos acuados em subsolos tenebrosos. Angústias típicas do nosso tempo revelaram-se em romances como *A Guerra dos Mundos* (H.G. Wells, 1898), *Admirável Mundo Novo* (Aldous Huxley, 1931) e *Ensaio Sobre a Cegueira* (José Saramago, 1995), ou em filmes, de *Metrópolis* (Fritz Lang, 1927) a *Blade Runner* (Ridley Scott, 1982), e tantos outros.

No teatro, a ficção futurística é pouco comum, e esse aspecto por si só já faz de *Namíbia, Não!* uma peça digna de atrair o interesse de leitores e espectadores, embora o texto tenha muitos outros méritos. Estreando como dramaturgo, Aldri Anunciação obtém sucesso ao concentrar nos limites de uma situação dramática um microuniverso distópico que figura um dos futuros possíveis para as contradições sociais do presente. Os primos André e Antônio são surpreendidos por uma Medida Provisória do governo brasileiro determinando que cidadãos com traços que indiquem ascendência africana devem ser capturados e devolvidos aos seus países de origem, na África. A decisão, a pretexto de "corrigir" o erro histórico da escravização de africanos em terras brasileiras, traz a caricatura de uma iniciativa de "reparação" tão cruel e autoritária quanto os fatos que supostamente lhe dão origem. A medida é uma perfeita "desmedida", bem ao gosto das distopias: um gesto típico dos totalitarismos, que planifica a vida social sem levar em conta os desejos e necessidades dos sujeitos aos quais se aplicam as decisões. Que ela venha mascarada por um discurso bem-intencionado ("população injustamente transferida de suas terras de origem", "gravíssimo erro da União") só faz ressaltar seu caráter bizarro e denunciar a retórica oportunista que tantas vezes consegue confundir os melhores corações e mentes em seus esforços sinceros para cortar as muitas cabeças da Hidra do preconceito.

Além do diálogo ágil e pontuado pelo humor, o texto exibe uma mixagem de gêneros discursivos, alternando lugares-comuns da mídia com citações literárias significativas naquele contexto, de Shakespeare a Arnaldo Jabor, passando por Kafka e Castro Alves. Com muita habilidade, o autor tece referências alusivas ao nosso passado cultural, que funcionam como pequenas luzes na pista de onde vai decolar o Boeing Negreiro, voo 1888. No plano da linguagem, estão entretecidos vários fragmentos de formações discursivas que fazem ecoar um concerto de vozes dissonantes, aguçando a complexidade do debate presente e do futuro a que ele nos encaminha. André e Antônio não se dizem negros, e sim "cidadãos de melanina acentuada" – uma das várias alusões irônicas aos eufemismos que disfarçam os reais combates entre as intolerâncias na arena social. Recusando a retórica de panfleto, a linguagem autoritária que impõe verdades indiscutíveis, a peça faz com que um futuro imaginado funcione como uma imensa indagação dirigida à plateia. E se...?

As diferenças de caracterização entre as duas personagens são outro fator crucial para dinamizar uma situação que, sem isso, poderia perder seu interesse dramático, já que, sem grandes transformações à vista, tudo se resume em render-se ou não à inusitada medida. Com boa estratégia, o autor recorre competentemente a recursos de composição que criam contraste entre os caracteres e entre as ações e reações de ambos diante do confinamento, tirando partido desse "nada a fazer" para ir apertando o cerco – sem telefone, sem internet, sem notícias, depois sem energia elétrica, sem água... O crescendo de privações cria uma inflação de angústia, sustentando a progressão para o desenlace. Contribui também vivamente para o ritmo da peça as invasões sonoras, como os diálogos externos que ampliam imaginariamente o microcosmo cênico e o projetam no espaço urbano.

Articulando jogo teatral e mimese, permitindo que o texto brinque de revelar sua própria construção, com cenas que se referem a cenas anteriores, Aldri Anunciação constrói uma inusitada ficção distópica de cunho político, sem precisar recorrer a fórmulas prontas, tanto na forma dramática quanto no tratamento do tema. *Namíbia, Não!* é mais uma prova de que o drama se reinventa constantemente, e de que é possível renovar nosso olhar sobre os dilemas humanos, flagrando-os por um ângulo inesperado. A visão dos dois rapazes acuados num apartamento, como se uma rede tivesse sido lançada sobre eles, em plena selva, contraposta aos barridos de uma manada de elefantes que invade as ruas da cidade, é a construção dramatúrgica de uma poderosa imagem teatral.

A peça, como ficção de cunho futurístico, é uma espécie de laboratório da imaginação. Os elementos que entram na formulação do enredo são referências extraídas do nosso cotidiano social (a Copa do Mundo, as políticas afirmativas, a repórter Glória Maria, o *Programa do Jô*), mas a partir de determinado ponto, como numa experiência química, desencadeia-se uma reação, e esses elementos combinam-se para produzir uma espiral de estranheza. E se...? Surge diante de nós a imagem de uma realidade possível como efeito de uma cadeia de eventos. E se...?

Aldri Anunciação, em texto escrito para o programa da peça, usa a metáfora do espelho para sugerir o tipo de desafio que este texto pode lançar ao espectador, jogando com os sentidos de "refletir": que o público reflita ao se ver refletido. De fato, *Namíbia, Não!* mostra a imagem de um futuro capturado num espelho retrovisor. No caminho percorrido podem estar as pegadas do amanhã; ele nascerá de nossas ações, ou de sua falta mesma? Para onde se encaminham nossos passos? Que redes tecem nossos discursos? Refletindo, e fazendo refletir, este belo e instigante texto de Aldri Anunciação nos convida a olhar para trás, e olhar em torno, para então podermos vislumbrar o dia que virá. Oxalá também funcione como um chamado a inventar um modo mais justo e feliz de contracenarmos, todos, neste nosso palco, nesta nossa praia.

CLEISE MENDES é dramaturga e professora titular de Letras e Linguística da Universidade Federal da Bahia – UFBA. É membro da Academia de Letras da Bahia e do corpo editorial do *Repertório: Teatro & Dança*. Pela Perspectiva, publicou *A Gargalhada de Ulisses: A Catarse na Comédia* (2008).

DO AUTOR
Saudade ou Alívio?

Namíbia, Não! foi escrito em sortidas madrugadas entre outubro de 2008 e janeiro de 2009. Algumas folhas no apartamento no qual morava em Copacabana (Rio de Janeiro-RJ), outras na casa de minha mãe no Rio Vermelho (Salvador-BA). Este texto faz parte de uma série de reflexões sobre as relações sociais. O confinamento de dois primos em um apartamento é apenas um pretexto criado para realizar uma pequena crônica sobre a vida de um segmento de jovens de melanina acentuada do Brasil do início do século XXI e suas possíveis relações com uma necropolítica institucionalizada. Ou seja, trata-se de uma necronarrativa ficcional.

Através desta aventura pós-diaspórica, e com um olhar mais atento, pode-se perceber na tessitura dramática uma análise sobre os efeitos de conquistas longínquas (resultados de questionamentos de pensadores e ativistas sociais ao longo de nossa história) e conquistas recentes, que se transformaram em proposições através de dispositivos político-judiciais, como as Leis Afirmativas, por exemplo.

A inesperada e surreal retirada de todos os melaninas acentuadas do Brasil em um tempo futuro, proposto pelo texto, tem como objetivo deslocar o pensamento do leitor (independentemente da sua predominância étnico-fenotípica) e estimular sensações ligadas às questões sociais do nosso país.

Desejo que as pessoas não procurem respostas nesta necronarrativa ficcional. Mas, antes, se integrem à discussão e, paradoxalmente, se divirtam. Não escolhi um gênero específico de linguagem para a realização deste texto. Procurei fazer uso de diversas linguagens literárias para que assim eu pudesse encontrar uma narrativa que mais se aproximasse da qualidade multicultural (e de encruzilhada de referência cultural) do nosso país. Caso queiramos encontrar uma qualidade narrativa comum a todos os quadros-cenas desta história, eu poderia mencionar o aspecto poético que privilegia o modo de enunciação do debate. Ainda que o confinamento da cena comporte apenas duas personagens, procuro, através da tessitura de seus enunciados, convocar vozes múltiplas para o centro do drama, convergindo vontades antagônicas e tramando aquilo que chamo de drama-debate. As personagens desta história estão confinadas e sem saída aparente. A única válvula de escape é o enfrentamento do debate. E é nesse momento que as suas subjetividades são colocadas à prova, e a generosidade da escuta (ou da leitura) se faz esteticamente necessária. Podemos entender *Namíbia, Não!* como uma alegoria sobre a extrema necessidade do diálogo, essa ferramenta considerada antiga (por alguns) e tão vital para o reconhecimento do outro, ou de si próprio.

Para finalizar, quero citar a seguinte máxima:

"Queres saber o quanto amas uma pessoa? Afasta-te dela por um tempo e perceberás o que sentes: saudade ou alívio?"

Namíbia, Não!

Personagens

ANTÔNIO: jovem de melanina acentuada formado em Direito.
ANDRÉ: jovem de melanina acentuada estudante de Direito.

Personagens em Voz *Off*

SOCIÓLOGA APRESENTADORA DE TV
MÃE IDOSA
POLICIAL I
POLICIAL II
POLICIAL III
GAROTA
SENHORA (DONA ARACY)
MOLEQUE
SEU MACHADO
VIZINHO (SEU LOBATO)
ADVOGADO MALUCO
REPÓRTER
AEROMOÇA
GLÓRIA MARIA
LEDA NAGLE
MINISTRO DA DEVOLUÇÃO

Sala de um apartamento de dois quartos. Tudo exageradamente branco: pisos, paredes, televisão, mesa, sofá, controle remoto, geladeira, estante de livros, chaleira, copos, taças... Enfim, tudo branco! Sobre a mesa de centro da sala, um tabuleiro de xadrez com jogo já começado. Detalhe e atenção para o fato de todas as peças do tabuleiro de xadrez (ambos os lados) serem também brancas.

As duas personagens vestem ternos e gravatas pretos.
O terno e a gravata de Antônio, bem ajustados e engomados.
O terno e a gravata de André, bem folgados e amassados.

O tempo em que se passa a ação da peça será sempre cinco anos à frente do tempo atual de sua montagem. Como terminei de escrever esse texto em 2011, para meu tempo a ação se passa em 2016. Na segunda edição do livro, realizada em 2015, o tempo da história passa a ser 2020. Na terceira edição, realizada em 2020, o tempo da narrativa passa a ser 2025. Portanto, perceba o ano em que você está lendo este livro e avance ludicamente cinco anos.

Cena 1

Antônio desarruma a mesa do café da manhã. Ainda sem terminar totalmente de desarrumar a mesa, ele vai até a mesinha de centro da sala, observa por um tempo um jogo começado do tabuleiro de xadrez e faz uma jogada. Entra, de repente, André assustado, vindo da porta da rua. André fica em silêncio olhando Antônio.

ANTÔNIO: Bom dia!

Antônio volta a desarrumar a mesa do café. André continua em silêncio.

ANTÔNIO: Noitada, hein?

André recupera o fôlego à frente da porta da rua. Ele transpira e estabiliza um olhar inquieto sobre Antônio, que, incomodado, para de desarrumar a mesa do café.

ANTÔNIO: Que foi, primo?
ANDRÉ (*assustado*): Vai pra onde cedo assim?
ANTÔNIO: Eu vou pro meu curso. Hoje é o primeiro dia do Curso Preparatório Pro Concurso Pra Diplomata de Melanina Acentuada do Itamaraty. Esqueceu? Olha aí no tabuleiro, fiz mais uma jogada.

Antônio termina de desarrumar a mesa e pega a pasta de estudos que estava sobre o sofá da sala.

ANDRÉ: Desista, Antônio!
ANTÔNIO (*surpreso*): Como é?!
ANDRÉ: Desista de sair de casa. Não vamos mais sair de casa. Nunca mais!
ANTÔNIO (*pegando a pasta de estudos e se dirigindo à porta*): Primo, eu não quero me atrasar logo no primeiro dia de aula. Não posso lhe dar atenção agora. Quer um conselho? Beba bastante água que essa onda, seja ela qual for, passa logo!
ANDRÉ (*impedindo a passagem de Antônio pela porta de saída*): Não... Você não vai a lugar algum. A partir de hoje você não sai mais de casa!
ANTÔNIO: Que é isso, André? Deixe eu sair! Eu tenho um compromisso sério! Brincadeira tem hora!
ANDRÉ: Antônio, eu não estou brincando!
ANTÔNIO (*tirando suavemente André da porta e colocando-o no sofá*): Primo, pare com isso! Eu realmente acho que você não devia ficar por aí desperdiçando seu tempo e energia com farras noturnas! Gastando o pouco dinheiro que você ganha como atendente daquela *lan house* da esquina em álcool. Álcool evapora, André! Invista seu dinheiro em coisas mais concretas! Mais palpáveis. Palpabilidade! Como a

sua faculdade de Direito, por exemplo. Talvez seja por causa dessas farras que as mensalidades estão atrasadas!

Antônio vai decidido em direção à porta.

ANDRÉ: Saiu uma Medida Provisória!

Ao ouvir a última frase de André, Antônio desiste de sair.

ANTÔNIO: Como é?
ANDRÉ: Uma Medida Provisória! Não podemos mais sair!
ANTÔNIO: Sair de onde?
ANDRÉ: De casa! Estamos presos!
ANTÔNIO: Está maluco?
ANDRÉ: Não! (*Põe a boca no rosto de Antônio.*) Eu nem bebi essa noite!
ANTÔNIO: O que você fez a noite toda?
ANDRÉ: Eu? Eu fugi, primo! Fugi, fugi, fugi...
ANTÔNIO (*interrompendo*): De quem, rapaz?
ANDRÉ: Da polícia!
ANTÔNIO (*irritado*): André, o que você andou aprontando por aí?
ANDRÉ: Saiu uma Medida Provisória do governo! Cidadãos de melanina acentuada que forem encontrados circulando pelas ruas do país, a partir de hoje, serão capturados e enviados de volta pra África.

Um silêncio abismal se instala na sala dos primos.

ANTÔNIO: Acho que vou ter que te internar hoje em algum hospital. Meu Deus! O pior é que você nem tem plano de saúde. Eu avisei minha tia... faz um plano de saúde pra ele... essa cidade é muito perigosa, algo pode acontecer e o André pode precisar de médico! Pronto, agora... tome! (*Tira do bolso sua carteira de plano de saúde e joga na mesa.*) Pega isso! Finja que sou eu, e se interne no melhor hospício da cidade. Não vão desconfiar que a carteira não é sua. Temos o mesmo sobrenome. Já fizemos isso antes!

Antônio sai de casa batendo a porta.
André continua na sala como que numa sensação visionária de que o primo voltaria rapidamente a abrir a porta.
Antônio volta, abrindo a porta devagar. Olha analiticamente para André.
Antônio calmamente senta no sofá, revelando cuidado excessivo com sua maleta de estudos.

ANTÔNIO (*paciente*): O que está acontecendo com você, primo?
ANDRÉ: Não podemos mais sair, Antônio!
ANTÔNIO: Isso eu já sei! O que eu não sei é o que você tomou ontem à noite, além do álcool.
ANDRÉ: Primo, a Medida começou a valer a partir da zero hora de hoje. Eu estava no bar com o pessoal da *lan house*...
ANTÔNIO (*interrompendo*): Onde?!
ANDRÉ: Um barzinho aonde a gente sempre vai! Não cheguei nem a beber a primeira cerveja. Os policiais apareceram com uma carta na mão... uma cópia da Medida Provisória com a assinatura do presidente! Eles foram gentis a princípio... e pediram pra que eu os acompanhasse até a delegacia.
ANTÔNIO: Delegacia?!
ANDRÉ: Na delegacia, eu tive uma conversa com uma socióloga...
ANTÔNIO: Uma assistente social?
ANDRÉ: Não! Foi uma socióloga mesmo! Ela me apresentou um catálogo... com opções de países africanos pra onde eu poderia ser enviado. Ela disse que o processo de retorno pra África seria super democrático, olha só... que eu podia escolher o país. Ela me aconselhou a escolher o país de onde minha família veio, supondo que eu soubesse meu país africano de origem!
ANTÔNIO: E você escolheu qual?!
ANDRÉ: Nenhum, primo! Desde quando sabemos onde estão nossos supostos familiares africanos? Eu não sabia o que dizer...

ANTÔNIO (*interessado*): E aí?
ANDRÉ (*assustado*): Ela me pressionou!

Em efeito-memória, uma contraluz sombreia a figura de André.

SOCIÓLOGA (*off*): Como vocês não sabem de onde vieram seus tataravós escravos? Vocês têm obrigação de saber a origem de vocês. Questão de cultura! Eu, por exemplo, meu sobrenome é Garcez! Logo, sei muito bem que meus ascendentes vieram da Espanha!
ANDRÉ: Então por que a senhora não volta pra lá? Para os seus familiares espanhóis?
SOCIÓLOGA (*off*): Porque a Medida Provisória é muito clara, meu querido! Muito clara na sua redação: "Cidadãos com traços e características que lembrem, mesmo que de longe, uma ascendência africana, a partir de hoje, 13 de maio de 2025, deverão ser capturados e deportados para países africanos, como medida de correção do erro cometido pela então colônia portuguesa, e continuado pelo Império e pela República brasileira. Erro esse que gerou quatro séculos de trabalhos gratuitos realizados por uma população injustamente transferida de suas terras de origem para as terras brasilianas. Com o intuito de reparar esse gravíssimo erro cometido pela União, essa Medida prevê a volta desses cidadãos, e de seus descendentes, para terras africanas em caráter de urgência."

Sai efeito-memória.

ANTÔNIO: Estava escrito isso?
ANDRÉ: Sim. Então eu fiquei em silêncio. Sem saber dizer pra qual país eu deveria ser enviado! Confesso que tentei pensar em um lugar interessante... com alguma possibilidade de conexão cultural... intelectual! Mas... um emaranhado de países surgia na minha cabeça naquele momento! De repente, aleatoriamente, ela resolveu sugerir um país.

Volta efeito-memória.

SOCIÓLOGA (*off, pensativa*): Então... eu vou te enviar... pra Namíbia!
ANDRÉ (*desesperado*): Não!!! Namíbia, não! Esse país foi colonizado por alemães! Nada contra os alemães, mas eu não falo alemão! Pelo amor de Deus! Não faça isso! É uma língua difícil! Uma vida inteira é muito pouco pra se aprender o alemão!

André entra em uma espécie de crise.
Sai efeito-memória.

ANDRÉ: Eu não falo alemão, primo! Você sabe que eu não sei! Tentei aprender essa língua uma vez! Mas não deu! Não consegui! Não quis! Sei lá! O certo é que eu não posso ir pra Namíbia! Eu não sei falar alemão!
ANTÔNIO (*abraça André*): Calma, primo!
ANDRÉ: Eu não quero, Antônio! Eu não quero!
ANTÔNIO (*assustado*): Mas como é isso, meu Deus? Estamos em pleno 2025. Temos um presidente de melanina acentuada recentemente reeleito nos Estados Unidos, país com fortes alianças com o Brasil! Que tipo de Medida Provisória é essa? Completamente inconstitucional! (*Olha para o relógio.*) Estou atrasado! Vou ligar pro meu curso pra avisar que vou chegar mais tarde.
ANDRÉ (*subitamente mais lúcido*): Não adianta!
ANTÔNIO: O quê?
ANDRÉ: Todas as linhas telefônicas, fixas ou móveis, pertencentes àqueles de melanina acentuada, foram desligadas... Cortadas! Não temos comunicação!

Antônio pega o telefone da sala.

ANTÔNIO: Sem sinal! Meu Deus, você não pagou a conta!
ANDRÉ: Não saia de casa, primo!

Pausa.

ANTÔNIO: Deve estar passando alguma coisa sobre isso na TV! (*Antônio liga a TV. Nada aparece.*) André, você não pagou a mensalidade da TV a cabo? Agora entendo por que você nunca quis colocar em débito em conta! Eu lhe dei a fatura com o dinheiro. O que você fez com o dinheiro, primo?

ANDRÉ: Eu paguei sim, primo! (*André corre em direção ao tabuleiro de xadrez e retira debaixo da mesa de centro uma fatura com autenticação bancária.*) Aqui a prova! Acontece que desde a meia-noite de ontem todas as espécies de pacotes de TV a cabo e *streaming* foram desativadas para os de melanina acentuada. E nem adianta os canais abertos. (*Sussurrando.*) Os canais abertos não falam sobre o assunto, como medida estratégica!

Antônio coloca em um canal aberto de televisão, no qual vê uma matéria em um programa sobre como manter cada vez mais brancos os pelos de um cachorro poodle.

APRESENTADORA DE TV (*exageradamente simpática*): Olá! Os pelos do seu pequeno e lindo *poodle* estão escurecendo? (*Muito triste.*) Não permita que isso aconteça. (*De repente bem alegre.*) O programa *Claridade da Manhã* de hoje apresenta uma matéria que vai ajudar você a manter cada vez mais brancos os pelos do seu cão. Pois é a brancura dos seus pelos que o torna mais lindo. A claridade dos pelos é fundamental nos dias de hoje. É quase uma necessidade básica! Aprendam: cães com pelos claros é sinal de limpeza, cães com pelos escuros (*séria*) é sinal de sujeira. (*Entusiasmada.*) Vamos exterminar com essa escuridão!

Antônio desliga imediatamente a televisão.

ANTÔNIO: Mas como eles não falam sobre o assunto? Por quê? Como vamos ficar sabendo?

ANDRÉ: É justamente esse o plano, Antônio! Eles querem pegar a gente de surpresa nas ruas! Capturados, entende?

Pausa.

ANTÔNIO: E como você se livrou daquela socióloga que sugeriu lhe enviar pra Namíbia?

ANDRÉ: Quando eu disse que não falava alemão, todos riram muito da minha cara. Eles acharam inusitado, estranho. Na verdade, eles nem sabiam que se falava alemão na Namíbia.

ANTÔNIO (*ensimesmado*): O alemão foi a língua oficial da Namíbia por muito tempo! Até 1990. Ou 91?

ANDRÉ: Um bando de despreparados! Essa informação causou um *frisson* neles! Começaram a rir... riam muito. Depois... começaram a gargalhar. (*Sons de gargalhadas ao fundo.*) Gargalhavam descontroladamente de mim, da situação... sei lá! Aquilo foi me deixando tão nervoso! Parecia um pesadelo. Pensei: não pode ser... o que é isso? Eles estão rindo de quê? De quem? Por quê?

ANTÔNIO: O que você fez?

ANDRÉ: Naquela confusão toda, percebi que somente eu estava lúcido! Estavam numa espécie de euforia, tamanho era o prazer que eles tinham naquela situação! Então aproveitei essa euforia... (*Quase chorando.*) E fugi, primo! Fugi!

Efeito-memória projeta na sala dos primos imagens de pessoas de melanina acentuada sendo capturadas. André começa a percorrer ligeiramente vários cantos da pequena sala, sob olhar assustado do primo Antônio.

ANDRÉ (*correndo*): Fugi, fugi, fugi! E quando já estava fora da delegacia... nas ruas eu ouvia gritos de pessoas de melanina acentuada sendo capturadas (*sons-memórias de gritos desesperados de pessoas e de tiros*). Uma loucura, primo! Eles atiravam com armas de fogo pra assustar os mais revoltosos! Mas eu seguia... seguia e seguia! Estava correndo tão rápido... Tão rápido e desesperado... que eles não conseguiam me ver! Eles não me viam! Eles não me viam! (*Efeito-memória e sons-memórias se interrompem e André para de repente no meio da sala.*) Engraçado! Eles não me viram, primo! Eles não me viram! De modo que consegui chegar fugido... até aqui. Onde me sinto mais seguro.

Antônio caminha lentamente em direção a André, que fita como se olhasse através das coisas.

ANTÔNIO (*preocupado*): André... você está me assustando. Se isso for verdade... então eles podem entrar a qualquer momento no apartamento e nos prender! (*Antônio confere a porta trancada.*)

ANDRÉ: Não, primo!

ANTÔNIO (*estranhando*): Como não? Você acabou de dizer que estão deportando os de melanina acentuada! André, se você estiver de brincadeira, eu estou me atrasando...

ANDRÉ (*interrompendo*): Eles não podem entrar em nossas casas! É contra a lei. Seria caracterizada Invasão de Domicílio. Artigo 150 do Código Penal. Seria crime! O governo não pode cometer crimes. (*Olhando para a porta.*) Por isso eles não podem e não vão entrar aqui.

ANTÔNIO (*desacreditando*): André, eu vou pro meu Curso Preparatório Pro Concurso Pra Diplomata de Melanina Acentuada do Itamaraty. Com licença! Eu não posso mais perder tempo. Eu tenho mais o que fazer!

Antônio sai batendo a porta. André tira uma garrafinha de bebida alcoólica do bolso do terno. Toma um gole e guarda de volta. André se senta no sofá angustiado. Olha o tabuleiro de xadrez e faz uma jogada. De repente, Antônio retorna assustado ao apartamento. Tranca a porta, passa o ferrolho de segurança.

ANDRÉ (*patologicamente calmo*): Primo, eu fiz mais uma jogada no tabuleiro de xadrez. Agora é sua vez de jogar.

Antônio observa por um instante o jogo armado no tabuleiro onde todas as peças são brancas. Em seguida, vai até a geladeira e bebe um copo d'água. Senta-se no sofá, ensaiando uma possível calma.

ANTÔNIO: Quando o elevador chegou no térreo, eu vi pela janelinha de vidro. Estavam levando à força Seu João, o porteiro do prédio. Pedi para o elevador subir de volta imediatamente.

ANDRÉ: Sua vez de jogar, Antônio. Vamos, jogue!

Antônio tenta fazer uma jogada, mas não consegue. Desiste. Levanta-se e tenta colocar o sofá na frente da porta da sala, para reforçar e evitar a entrada de intrusos.

ANDRÉ (*patologicamente calmo*): Não se preocupe. Eles não vão entrar aqui. Estamos protegidos pela lei de Invasão de Domicílio. Artigo 150 do Código Penal. Eles não vêm aqui em cima... não podem invadir nossas casas. Como eu disse... seria crime.

ANTÔNIO (*resfolegante*): E não é crime sermos enviados à força pra África?

ANDRÉ: Não! Agora está escrito. É lei. Provisória... mas é lei! Até que ela seja devidamente julgada pelo Senado, deve ser colocada em prática.

ANTÔNIO (*triste*): Levaram Seu João!

ANDRÉ: Coitado. (*Olha para o relógio.*) E uma hora dessas, nossas mães também já devem ter sido capturadas. Provavelmente na feira, comprando as verduras e legumes. Essas são o alvo mais fácil. Agora veja você, essas senhoras vão ali, na feira, comprar o chuchu e acabam voltando pra África.

ANTÔNIO (*triste*): Minha mãe!

Em efeito-memória, ouve-se o diálogo da Mãe Idosa de Antônio com o Policial 1.

POLICIAL 1 (*off*): Somos da polícia. Vamos! A senhora deve nos acompanhar.

MÃE IDOSA (*off*): Acompanhar pra onde, meu filho?
POLICIAL 1 (*off*): Pra África!
MÃE IDOSA (*off, surpresa*): Pra onde?

Em efeito-memória, sons desarranjados de uma guitarra elétrica misturam-se a sons harmoniosos de um instrumento de corda de origem africana-ocidental chamado corá.

Cena 2

Sons de guitarra elétrica misturados a sons de corá vão se interrompendo até sumirem por completo. André e Antônio jogam xadrez.

ANDRÉ: Sua vez de jogar.
ANTÔNIO: Estou apertado!

Antônio sai correndo para o sanitário. Sozinho na sala, André ouve o som de mijo caindo na privada e retira uma garrafinha de bebida alcoólica do bolso. Ele bebe mais um gole, escondendo a garrafa logo em seguida. André ouve então o som da descarga da privada funcionando e pega o controle remoto branco da TV, sentando-se no sofá. Antônio volta do sanitário.

ANTÔNIO: Ah! Que alívio!

André liga a TV usando o controle remoto branco.

ANDRÉ: Olha lá, Antônio! A Glória Maria no programa *Sem Censura*!
ANTÔNIO (*preocupado*): Esse programa é gravado?
ANDRÉ: Não sei! Por quê?
ANTÔNIO: Se for ao vivo, ela pode estar correndo perigo!
ANDRÉ: Meu Deus, é verdade! Ela pode ser capturada!

André e Antônio olham atônitos para a televisão.

ANTÔNIO: Mas... hoje é que dia?
ANDRÉ: Sábado.
ANTÔNIO (*aliviado*): Então relaxa. Sábado é reprise! Esse programa é gravado.

Os primos assistem na televisão a Glória Maria e Leda Nagle no programa Sem Censura.

GLÓRIA MARIA (*off*): É um prazer estar aqui, Leda!
LEDA (*off*): Prazer é meu, Glória! Depois de tantos anos entrevistando, como você se sente sendo a entrevistada?
GLÓRIA MARIA (*off*): Emocionante! Fantástico! (*emociona-se*) Quero aproveitar pra dizer ao público que sinto muita saudade.
LEDA (*off*): Deve estar sendo uma loucura pra você tirar férias. Quando se tira férias, viaja-se. Mas você, Glória, vai viajar pra onde? Você viajou esses anos todos fazendo matérias jornalísticas no mundo todo! Não é?
GLÓRIA MARIA (*off, séria*): Pois é, Leda. Tenho levado isso pra minha analista. Mas ela não...
LEDA (*off, interrompendo*): Analista é bom nessas horas. (*Para os outros entrevistados.*) Vocês não acham?
GLÓRIA MARIA (*off, risos*). Na verdade, tenho aproveitado pra ficar em casa lendo livros...

Nesse momento, sons estranhos invadem o estúdio do Sem Censura.

LEDA (*off, irritada*): Desculpa, Glória. Estamos tendo interferências sonoras no nosso programa...

Sons estranhos continuam mais fortes.

LEDA (*off, irritada*): Equipe, o que está acontecendo? Podemos continuar?
GLÓRIA MARIA (*off, rindo*): *Alguma coisa está fora da ordem!*
LEDA (*off*): Por favor, gente, eu quero continuar a entrevista. (*Olhando para a câmera e forjando uma tranquilidade.*) TVE, uma Emissora da Rede Brasil.

Leda é interrompida por uma voz de policial atrás das câmeras.

POLICIAL II (*off*): Desculpe, Dona Leda, mas precisamos realizar uma busca.

LEDA (*off*): Qual busca? Queria lembrar que os microfones estão ligados, está bom, gente?

GLÓRIA MARIA (*off, rindo*): Leda Nagle, minha querida, que loucura!

POLICIAL II (*off*): Vocês não devem estar sabendo, mas saiu uma Medida Provisória... Precisamos levar a senhora Glória Maria. (*Para Glória Maria.*) Com todo respeito, me acompanhe!

GLÓRIA MARIA (*off, séria*): O que ocorre, Leda?

POLICIAL II (*off*): Dona Glória, uma medida de reparação social do governo. Todos os melaninas acentuadas deverão ser enviados de volta a um país da África, imediatamente. A senhora, por favor, nos acompanhe!

LEDA (*off*): Mas o que é isso, meu Deus? Estamos no ar... ao vivo. (*Para a câmera.*) TVE, uma emissora da Rede Brasil...

Antônio e André na sala do apartamento, assistindo tudo pela televisão.

ANTÔNIO: Mas hoje não é sábado? Não é reprise?

André corre até o calendário da porta do banheiro e confere.

ANDRÉ (*decepcionado*): Me enganei, Antônio! Hoje é sexta-feira!

LEDA (*off*): Espera aí, gente... cuidado com os microfones!

GLÓRIA MARIA (*off, desesperada*): Mas como assim? Pra qual país eu vou, meu Deus?

LEDA (*off*): Por favor, seguranças, impeçam esses cidadãos de levar a Glória pra África. O que é isso, gente?

POLICIAL II (*off*): Aqui está a cópia da Medida com a assinatura do presidente, Dona Glória.

GLÓRIA MARIA (*off*): Mas... espera aí... (*para Leda Nagle*) Como eu vou viver lá, Leda? Não conheço ninguém! (*Subitamente animada.*) Ah... uma certa feita, lá pelos idos de 1984, fiz uma matéria sobre a qualidade de vida do povo de Zanzibar!

LEDA (*off, distraindo*): Zanzibar... Uma maravilha. Amei aquela matéria que você fez. Eu vi, gente, ela fez uma matéria incrível! Fantástica! Zanzibar. Vocês viram? Eu me lembro. 1984... mas e aí? Então você foi pra Zanzibar. Gostou de Zanzibar.

GLÓRIA MARIA (*off*): Uma região belíssima. Mas infelizmente ainda pobre.

LEDA (*off*): Sim... várias regiões na África hoje em dia são pobres, né, gente?

GLÓRIA MARIA (*off*): O ouro daquele povo não está mais lá, Leda. Está na França...

LEDA (*off, completando*): ...na Inglaterra...

POLICIAL II (*off, interrompendo*): Dona Leda, precisamos levar Dona Glória! (*Leda não percebe a interferência do Policial II.*) Dona Leda!

LEDA (*off*): A África é muito grande, enorme... E a gente vê a África como um país. Na verdade, a África são mais de cinquenta países. Cada um com sua língua. Vocês sabem que eles não gostam dessa confusão, dessa imagem errada que temos, não é? Glória, me corrija se eu estiver enganada, por favor!

POLICIAL II (*off, interrompendo*): Dona Leda!

LEDA (*off, incomodada*): Senhor... qual seu nome?

POLICIAL II (*off*): Capitão Ricardo.

LEDA (*off*): Capitão Ricardo, os microfones estão ligados. Vou pedir pro senhor não falar enquanto entrevistamos os convidados. (*Para a câmera.*) TVE, uma Emissora da Rede Brasil.

GLÓRIA MARIA (*off*): Então, como eu estava dizendo... Zanzibar é agradável! E durante a matéria que eu fiz em 1984, conheci uma família muito interessante. (*Para o Policial.*) Podem me encaminhar pra lá. Eles podem me acolher!

LEDA (*off*): Mas, Glória, querida... ajeita seu microfone... Está caindo. Glória, querida, você não pode ir!

GLÓRIA MARIA (*off*): Eu vou, sim. Depois eu procuro meus advogados, entendo essa situação toda, enfim! Eu não quero

causar transtornos aqui no seu programa ao vivo, querida. (*Para o Policial.*) Mas antes, por favor, deixem eu dar uma passadinha na minha casa. Quero levar alguns pertences imprescindíveis para uma viagem à África.

LEDA (*off*): Glória, então muita sorte nesse novo momento de sua vida. (*Para a plateia.*) Por favor, uma salva de palmas para essa grande jornalista brasileira! (*Olhando para o Policial.*) O *Sem Censura* acaba aqui! Eu encontro vocês amanhã, no mesmo horário, se Deus quiser. TVE, uma Emissora da Rede Brasil.

Aplausos para Glória Maria no estúdio do Sem Censura. Antônio, assustado, desliga a TV com o controle remoto branco.
Pausa.

ANTÔNIO (*atônito*): Estão levando a Glória para a África.

Antônio faz uma jogada no tabuleiro de xadrez de peças brancas.

Cena 3

Passagem de tempo.

ANDRÉ: Como será isso, primo?
ANTÔNIO: Não sei, André.
ANDRÉ: E seu time?
ANTÔNIO: Que time?
ANDRÉ: O Fluminense, Antônio… Como será seu time sem o Fred?
ANTÔNIO: Como assim?
ANDRÉ: O Fred será capturado.
ANTÔNIO (*refletindo*): Mas… o Fred não tem a melanina acentuada. Meu Fluminense continuará sendo o mesmo.
ANDRÉ: Como não? Ele tem, sim! Está vendo que essa sua perspicácia, tão elogiada pela nossa família, pode falhar?

Eu me pergunto como será a vida sem esses caras! (*rindo*) Seu time vai sofrer um sério desfalque!

ANTÔNIO (*irritado*): E o seu time? Vai acabar!

André interrompe a risada imediatamente.

ANDRÉ: Isso vai ser um caos! Minha agência bancária vai ficar uma loucura sem o sr. Mário, meu gerente.

ANTÔNIO (*preocupando-se*): E aquele seu professor da Faculdade? Como ele se chama?

ANDRÉ: Professor Geraldo.

ANTÔNIO: Melanina acentuadíssima!

ANDRÉ: É... ali caprichou! Antônio!

ANTÔNIO (*impacientando-se*): Diga.

ANDRÉ: E a santa?

ANTÔNIO: Que santa, primo?

ANDRÉ: A Padroeira... Nossa Senhora Aparecida! Ela é de melanina acentuada!

ANTÔNIO: Mas tem uma teoria que diz que ela nem sempre foi daquele jeito... Ela foi encontrada no fundo de um rio. E foi lá que ela foi ficando assim... escurecendo.

ANDRÉ: É... mas vale o que está aparecendo.

Pausa.

ANDRÉ: O que eles pensam que estão fazendo? O Jorge Benjor, meu Deus! Pra que país tropical eles vão levar o Jorge Benjor?

ANTÔNIO: Tanta gente... o Muniz Sodré. A Leda Maria Martins. O Lázaro Ramos!

ANTÔNIO: A escritora Ana Maria Gonçalves...

ANDRÉ: O Nei Lopes. Joelzito Araújo. A Sabrina Queen! A Iza!

ANTÔNIO (*preocupando-se*): A Conceição...

ANDRÉ (*assustado*): A Conceição Evaristo, vão levar pra onde?

ANTÔNIO: Neguinho da Beija-Flor!

ANDRÉ (*mais assustado*): O Neguinho! O Emicida! MV Bill! Mano Brown! Meu Deus!

ANTÔNIO: O Antônio Pitanga eles vão embarcar imediatamente! Junto com o filho... o Rocco! E a Benedita vai junto!
ANDRÉ (*intrigado*): E a Camila Pitanga, hein?
ANTÔNIO (*estranhando*): O que é que tem a Camila, primo?
ANDRÉ: Vai... ou não vai?
ANTÔNIO: Eu acho que o caso da Camila é facultativo. Ela vai poder escolher. Camila é sortuda!
ANDRÉ: Camila não é sortuda... ela é ativista!
ANDRÉ: Antônio!
ANTÔNIO: O que é?
ANDRÉ: E quem tem vitiligo, hein? Como é que faz?
ANTÔNIO (*impaciente*): Ah... não sei, André! Só sei que tem gente que não tem pra onde correr. Seu Jorge, por exemplo. Vai com certeza!
ANDRÉ: Dona Diva.
ANTÔNIO: Milton Nascimento.
ANDRÉ (*contemplando*): Bonita essa cor!
ANTÔNIO (*também contemplando*): Eu queria ter essa cor!

Nesse momento, ouve-se ao longe na cidade a sirene que anuncia mais um de melanina acentuada capturado. Preocupado, Antônio fecha a janela da sala.

ANTÔNIO: Eu não entendo essa situação, primo. (*Lembrando-se.*) Será que isso tem a ver com aquele advogado?
ANDRÉ: Que advogado?
ANTÔNIO: Aquele advogado que entrou com uma causa de indenização em favor de todo o cidadão de melanina acentuada!
ANDRÉ: Ah, sim! Aquele advogado maluco que apareceu no *Programa do Jô*? Uma palhaçada aquilo, Antônio!
ANTÔNIO: Pode parecer uma insanidade. Mas ele tinha argumentos bem interessantes. Eu me lembro de o Jô Soares tentando salvar a entrevista com piadas. Mas as piadas não provocaram risos.

ANDRÉ: Um artista de teatro, amigo meu... o Mário Gusmão Júnior... uma vez disse que a coisa mais frustrante pra ele é quando ele tenta fazer a plateia rir e não consegue! Ele disse que é pior do que dar branco no texto. Sabe?
ANTÔNIO: Dar branco?
ANDRÉ: É. Dar branco... esquecer!
ANDRÉ (*olhando pela janela*): Mas eu falei pra ele que às vezes a plateia não ri porque não está num bom dia.
ANTÔNIO: Acho que, no caso do *Programa do Jô*, não foi isso. Jô Soares é um ótimo ator. As pessoas não riram das piadas dele porque o assunto do advogado era muito coerente.
ANDRÉ: Coerente como, Antônio? A proposta daquele advogado maluco iria quebrar os cofres públicos. Arrebentar com tudo! As coisas não funcionam assim, não!
ANTÔNIO: Raciocina comigo, André. Ele abriu um processo que previa o pagamento de uma indenização financeira a todos os brasileiros de melanina acentuada. Ou seja: remanescentes familiares de africanos escravizados receberiam hoje um valor referente a mais de trezentos anos de mão de obra escrava.
ANDRÉ: Mas isso não iria equilibrar nada, Antônio! O dinheiro iria sair das mãos de um grupo e passar diretamente para as mãos de outro grupo. Só iria inverter a situação.
ANTÔNIO (*impaciente*): Poxa, André! Do jeito que você coloca as coisas, parece que Dona Izildinha, que mora na cobertura aqui do prédio, iria virar uma mendiga na rua. E a mendiga da rua iria morar na cobertura da Dona Izildinha!
ANDRÉ: Deixe a cobertura da Dona Izildinha em paz! Lá tem piscina, e no verão ela sempre convida a gente pra passar o final de tarde se refrescando com ela.
ANTÔNIO: Dona Izildinha não iria perder sua cobertura. O que o advogado do *Programa do Jô* estava propondo era apenas um ajuste financeiro. Um equilíbrio! Aproximar Dona Izildinha e a mendiga da rua!

ANDRÉ (*debochando*): Aproximar? E no verão, todo mundo na piscina da cobertura? Juntos? Eu, você, Dona Izildinha e a mendiga da rua?

ANTÔNIO: E por que não? Na época em que os melaninas deixaram de ser escravizados, os fazendeiros receberam indenização por estarem perdendo suas "mercadorias". Alguns imigrantes europeus recebiam terra e incentivo fiscal do Império. (*reflexivo*) E aos melaninas libertos? Foi concedido o quê?

ANDRÉ: A liberdade de ir e vir!

ANTÔNIO: Que liberdade, primo? Você acha que ficar sem teto, sem terra, solto por aí, é liberdade? Nem estudar eles podiam! Você sabe disso! O Aviso Imperial 144... acho que de 1864... proibia o acesso de melaninas acentuadas em escolas. Naquele momento era tudo para os imigrantes europeus. Calcule na ponta do lápis quanto o Estado gastou com os ex-escravizados: nada!

ANDRÉ (*refletindo*): Talvez uma parte do imposto que se paga hoje aos príncipes de Orleans e Bragança, devido aos acordos de mudança de governo e de transferência de posse de terras, pudesse bancar uma parte dessa indenização!

ANTÔNIO (*rindo*): O Laudêmio? Ah... o Laudêmio! (*De repente, ironicamente sério.*) Não mexa com o Laudêmio, primo. Ele é sagrado.

ANDRÉ: Sagrado, não. Nobre! Eu me lembro quando o Jô Soares perguntou quanto essa indenização custaria aos cofres públicos. O advogado respondeu:

Efeito-Memória.

ADVOGADO MALUCO (*off*): Novecentos bilhões de reais!

Ouvimos uma gargalhada descontrolada de Jô Soares por alguns segundos. Sai efeito-memória.

ANDRÉ: A plateia do Jô fez um silêncio sepulcral. É muita grana, primo.

ANTÔNIO: No cálculo, ele incluiu pagamentos de férias dos escravos, décimo terceiro de quase quatro séculos de trabalho escravizado. Aplicou inclusive o Fundo de Garantia!
ANDRÉ: Por tempo de serviço?
ANTÔNIO: Exatamente, primo! Isso já ocorreu com os judeus. Sobreviventes do holocausto recebem, ainda hoje, do governo alemão, indenização por trabalhos forçados.
ANDRÉ (*duvidando*): Calma aí, Antônio...
ANTÔNIO (*interrompendo*): Calma aí o quê? E os 120 mil japoneses que foram encarcerados por quatro anos na Califórnia durante a Segunda Guerra Mundial? Cada um deles recebeu vinte mil dólares do governo americano. Ora... se os Rosembergs e os Missoshiros recebem indenização, por que não os de melanina acentuada? Por isso a plateia do Jô Soares não riu. Mas, infelizmente, tenho a impressão de que a ação daquele advogado é causa perdida. (*Indo em direção ao tabuleiro de xadrez com peças brancas de ambos os lados.*) Primo, é a minha vez... ou a sua de jogar?

André também se aproxima do tabuleiro, mas se assusta ao ouvir um grito forte e agudo de uma garota fora do apartamento.

Cena 4

Continuação imediata da cena anterior.
GAROTA (*off*): Ahhhh! Solta minha bolsa! Solta!
André e Antônio correm para a janela da sala.
ANDRÉ: Meu Deus, aquele moleque está assaltando ela!
ANTÔNIO (*grita*): Solte a bolsa dela, seu moleque!
ANDRÉ (*para o primo*): Ela está resistindo. Não pode! Ela tem que soltar a bolsa. (*Grita pela janela.*) Solte a bolsa, garota! Desapega!

ANTÔNIO (*para o primo*): Mas a bolsa é dela, primo! (*Grita pela janela.*) Solte a bolsa, moleque!
ANDRÉ (*para o primo*): A resistência pode fazer com que ela receba um tiro, Antônio! (*Grita.*) Solte a bolsa, garota!
GAROTA (*off*): Essa bolsa é minha! Ahhhh!
MOLEQUE (*off*): Eu vou atirar!
GAROTA (*off*): Essa arma embaixo de sua camisa é falsa, moleque! Isso aí não é uma arma!
MOLEQUE (*off*): Quer descobrir o que é?
GAROTA (*off*): Não me enrola, moleque! Está pensando o quê? Que eu sou otária?
MOLEQUE (*off*): Ah, é? Você é resistente? Então toma!

A Garota é esfaqueada.

ANTÔNIO (*para o primo*): Meu Deus! Ela está sangrando! E ninguém ajuda! (*Grita pela janela.*) Ajudem essa garota!
ANDRÉ (*para o primo*): Eu disse pra ela não resistir! Não adianta resistir!
ANTÔNIO (*para o primo*): Eu vou lá... eu vou ajudar aquela garota! Ela está morrendo na calçada!

André segura Antônio.

ANDRÉ: Não! Você não vai! Está maluco? Se você sair de casa, será deportado pra África!
ANTÔNIO: Mas a garota está morrendo, primo!
ANDRÉ: Deixa ela morrer!
ANTÔNIO (*estupefato*): Como assim?
ANDRÉ: Isso é uma cilada pra você!
ANTÔNIO: Eles não vão me prender!
ANDRÉ: Vão sim!
ANTÔNIO: Eles não prenderam aquele moleque assassino que saiu correndo, você acredita mesmo que eles vão surgir do nada e me prender?
ANDRÉ: Claro que vão! Eles estão atrás dos de melanina acentuada! Eles não conseguem enxergar outra coisa. O prazer

dos policiais agora é nos prender. Se o moleque não tem a melanina acentuada, ele está absolvido!

ANTÔNIO (*indignado*): Absolvido? Você está maluco, primo? Lá vem você de novo com suas fraquezas de inferioridade! Me solta!

Antônio empurra violentamente André, que cai assustado sobre o sofá branco da sala.

Um silêncio profundo se instala entre os dois primos.

Antônio e André se entreolham. Em efeito-memória, ouve-se a alegórica e midiática gargalhada de Jô Soares por alguns segundos, misturadas a diversas outras formas de risos e galhofas.

Cena 5

Continuação imediata da cena anterior.

ANTÔNIO: Meu Deus, isso não pode estar acontecendo! Eu estou perdendo meu curso. Estou sem telefone, sem noticiário, sem internet. (*Desesperado.*) Sem poder sair de casa. Que loucura! Estamos presos! O que vamos fazer?

ANDRÉ (*hirto*): Talvez a única alternativa seja se entregar. Mas, ainda assim, eu tenho medo da ação da polícia.

ANTÔNIO: Como assim? Você está pensando em se deixar levar pra África?

ANDRÉ: Por que não? Eu só tenho medo de ir pra delegacia. Quando estive lá ontem de madrugada, eu vi o tratamento que é dado. Só isso que me assusta. Mas acho que devemos voltar pra África. Lá é o nosso lugar!

ANTÔNIO: Meu lugar é aqui! Foi aqui que eu nasci, primo! Está maluco? Ir pra África?

ANDRÉ: Ir, não! Voltar... voltar pra África! Não foi de lá que nossos parentes vieram? Então estamos voltando.

ANTÔNIO: Que ideia repentina é essa, André? Ainda agora você me segurou pra não sair de casa, que eles iriam me pegar e levar pra África!
ANDRÉ (*interrompendo*): Mudei de ideia! E eu te segurei porque eu sei que eles vão te tratar muito mal, primo. Eu sei! (*Estrategista.*) Quero arranjar um jeito... de não ser capturado pela polícia. (*De súbito.*) E tem mais, pra mim o Brasil já deu o que tinha que dar. Não quero mais ser tratado do jeito que fui recebido ontem na delegacia!
ANTÔNIO: Você está desistindo, André? Só porque perdeu no Concurso Pro Curso Preparatório Pro Concurso Pra Diplomata de Melanina Acentuada do Itamaraty? É isso?
ANDRÉ: Cansei dessa história de melanina acentuada... de melanina exaltada... destrambelhada! Melanina deslocada!
ANTÔNIO (*surpreso*): O que é isso, André? Você vai aceitar essa Medida Provisória desastrosa, que acha que está fazendo um favor pra gente? (*Irritando-se.*) Não vai me dizer agora que você quer ir... pra aquela terra estranha?
ANDRÉ (*surpreso*): Como assim, terra estranha? Vai querer negar agora? Vai negar sua origem? Sua cultura?
ANTÔNIO (*irritado*): Eu não estou negando nada! Somente estou lhe dizendo que a África pra mim, hoje, é um continente estranho. Não conheço ninguém lá!
ANDRÉ: E nossos parentes que ficaram lá?
ANTÔNIO: Devem estar cagando pra mim! Cagando pra você! Assim como o mundo caga pra eles! Eles não sabem quem nós somos, André! Você acha o quê? Que a gente vai chegar lá e vai ser recebido com honrarias no aeroporto? (*Antônio pulando pela sala, em alegria irônica.*) Fogos de artifícios pra receber os parentes que se foram séculos atrás e nunca mais mandaram notícias?
ANDRÉ: Não mandaram notícias, vírgula! Temos instituições seríssimas que sempre estudaram as relações africanas com o Brasil. Contato sempre tivemos!

ANTÔNIO: E esse contato melhorou em que a vida deles? (*Pausa.*) Esses estudos mataram a fome daquele povo? Eles sabem que foram escolhidos para ser o cu do mundo! Eles sabem que, apesar de terem contribuído com diversas culturas de produção econômica tempos atrás, como a cana-de-açúcar, o algodão e o café, hoje em dia a miséria é depositada lá! Isso faz parte da cartilha econômica. Em algum lugar a miséria tem que ser depositada. Ela não pode ser eliminada. Acabar com a miséria é uma utopia. E agora preste atenção que é lá que o nosso país está querendo nos depositar. Eu e você! Matou a charada? Consegue identificar o jogo do "Vamos Colocar as Coisas no Seu Devido Lugar"?

ANDRÉ (*decepcionado*): Não fala assim das terras de onde nossos parentes vieram, Antônio!

ANTÔNIO: Parentes? Como assim, parentes?

ANDRÉ: Você bem sabe da importância deles! Você sabe da importância daqueles países para a história econômica mundial, como você acabou de falar! Das conquistas africanas. Da importância de artesãos vindos de Moçambique e Angola para o desenvolvimento do barroco brasileiro, por exemplo. Nossa música... nossa culinária. Você se esqueceu que foi a medicina africana a pioneira em procedimentos cirúrgicos no cérebro? Esqueceu do africano Augustus Morgan... o criador do semáforo? A africana Patricia Bath, que inventou a técnica de cirurgia de olho a *laser*? Africanos, Antônio... Todos africanos!

ANTÔNIO: Como é que você sabe disso tudo, André?

ANDRÉ: São tantas qualidades que apenas reforçam a injustiça na qual alguns países africanos vivem hoje! Mas, apesar dessas contribuições, eles foram explorados por pessoas que se utilizaram de suas riquezas... ouro, diamantes... de sua mão de obra. Você se esqueceu do momento pré-colonial, Antônio! Transformaram príncipes e princesas em grupos de trabalhadores escravos em terras es-tra-nhas. Aqui é que é a terra estranha, Antônio. Você disse que ninguém se interessa pela África. Será que você não faz parte desse grupo de pessoas, na medida em que pra você voltar pra lá significa um absurdo, uma insanidade? Essa Medida Provisória, no fundo, deveria ser uma oportunidade pra você fazer a sua parte por aquele continente.

ANTÔNIO: Minha parte? Como assim, minha parte? (*Procurando algo no armário da sala.*) Mas espera aí... onde eu coloquei meu mandrix?

ANDRÉ (*abrindo a gaveta do armário da sala*): Está aqui na gaveta do armário. (*Voltando ao assunto.*) Por que você não vai lá aplicar seus conhecimentos diplomáticos? Sua inteligência? Você sabia que hoje em dia só se morre de Aids na África? Existem remédios que controlam o HIV no corpo humano, evitando o desenvolvimento de doenças. Hoje em dia quase ninguém morre por causa desse vírus. Somente lá... na África! Por que não levam esses medicamentos pra lá, gente? Por que você, Antônio, não faz uma mobilização pra que isso aconteça?

Antônio esfrega o mandrix no pulso durante a fala de André.

ANDRÉ: Eu pergunto... mas eu sei a resposta! Porque ir para aquele "cu do mundo", como você mesmo disse, iria te deixar privado de tudo isso aqui. Privado da vida confortável, de internet com velocidade de 100 megabytes, do seu emprego estável, do seu *notebook* de última linha, do seu iPod, iPad, iPhone... da sua alimentação saudável e dietética, da sua academia de ginástica, do seu cineminha de final de semana com a Capitu... do seu carro, do seu plano de saúde, do seu jogo de futebol no Maracanã! Tudo isso que a nossa cultura lhe proporciona, Antônio, iria acabar!

ANTÔNIO: Ora, André! Esse discurso não lhe pertence! (*Olhando para a plateia.*) Você não convence ninguém dizendo essas coisas. Ninguém! Eu te conheço. Você não acredita nisso que você está falando. Repare as mudanças! O Barack Obama esteve aí como prova. Um presidente de melanina acentuada que tinha uma popularidade de dar inveja até na rainha da Inglaterra! (*Pra si mesmo.*) Aliás, essa rainha já morreu ou ainda está viva? Ela nunca morre? (*Voltando ao assunto.*) Você vai deixar tudo isso passar em branco, André? (*Súbito.*) Eu estou com a boca seca!

Antônio vai até a geladeira e bebe um gole de água direto da garrafa. Guarda de volta o mandrix na gaveta do armário.

ANDRÉ: Isso não muda nada, Antônio. Preste atenção no eleitorado do Obama. Você bem sabe quem foi que o elegeu! A eleição dele não mudou em nada a situação dos de melanina acentuada, inclusive do Brasil. Não se deixe enganar, primo. O governo do Obama foi projetado para os americanos. Sua melanina acentuada não passou de um disfarce sociopolítico pra sensibilizar a comunidade internacional a ajudar os americanos a sair daquele buraco econômico em que eles se meteram! Abra o olho!

ANTÔNIO: O que é isso? Você está equivocado, primo! (*Súbito.*) Desculpe, eu guardei o mandrix e nem te ofereci. Você quer o mandrix? (*André rejeita.*) De onde você tirou essas ideias? As mudanças estão sendo quase que imediatas. Principalmente nas relações das pessoas. Passamos a ser um modelo de heroísmo! O Obama trouxe a possibilidade de transformação da história. Nosso símbolo deixou de ser sexual e passou a ser de ascensão social! (*André começa a rir compulsivamente.*). Não ria, não! Não ria, porque eu estou falando sério! Eu sempre falo sério com você! Você sabe disso!

ANDRÉ (*interrompendo o próprio riso*): Não sei de nada!

ANTÔNIO: Sabe, sim. Desde que a lei Afonso Arinos foi criada...

ANDRÉ (*interrompendo*): Qual lei? Você acha mesmo que essa lei funciona? Lembra o caso daquela senhora de melanina acentuada que foi presa por causa dessa lei? O motorista do ônibus coletivo, também de melanina acentuada, demorou a abrir a porta pra ela entrar. Ao sair do ônibus, o motorista alegou que ela comentou "só podia ser coisa de escuro". A senhora foi prontamente presa.

ANTÔNIO: Correto... A lei foi aplicada.

ANDRÉ (*irritado*): Ela foi solta depois, Antônio. Foi um mal-entendido. Na verdade, ela comentou: "Só podia ser coisa dos óculos es-cu-ros." O motorista estava usando óculos escuros. Algo está errado, primo.

Um silêncio se instala novamente entre os primos.

ANTÔNIO: Então eu tenho que abrir mão de tudo? Do meu sonho de ser diplomata... do seu de ser advogado... abrir mão de tudo que conquistamos até hoje... pra irmos pra África levar medicamentos pra tratamento do HIV? É isso?

ANDRÉ: Isso mesmo! Me dá um pouco desse mandrix aí...

ANTÔNIO (*impaciente*): Coloquei na gaveta do armário!

ANDRÉ: Porque aqui, primo, não tem mais jeito. Aqui somos nada. Estamos sempre assistindo de nossas janelas garotas sendo assaltadas e, às vezes, esfaqueadas. Pense bem, Antônio. A África não pode ser tão pior. Podemos, inclusive, nos surpreender! Ela também tem seus atrativos. Os suricatos, por exemplo! Você já percebeu a beleza... a elegância de um suricato? E a gente também pode escolher um país democrático... seguro! O Quênia, por exemplo! Lá é tranquilo! Eu encontrei dois quenianos aqui embaixo, na *lan house*! O Quênia é um país democrático! E, além de tudo, a língua oficial é o inglês. Não é o alemão, como na Namíbia. (*Pra si mesmo.*) Deus me livre! E tem mais... escuta essa: a matriarca dos Obama está lá!

ANTÔNIO (*surpreso*): Quem?

ANDRÉ (*entusiasmado*): A mãe do pai de Barack Obama mora no Quênia, *my friend*! Quer mais garantia do que essa?

Partitura de "Voltar Pra África", de Aldri Anunciação, cantada nesta cena 5 de Namíbia, Não!, p. 55

ANTÔNIO: A vovó Obama está lá?

André vai até o tabuleiro e faz uma jogada que derruba uma peça de Antônio no xadrez.

ANDRÉ: Você acabou de perder seu cavalo!

Uma súbita animação de retorno ancestral toma conta dos dois primos. André e Antônio começam a empilhar e arrumar suas malas brancas de viagem, como se estivessem em um videoclipe de música pop. Cantarolam uma canção que parece surgir de um improviso-batalha de slam. Título da música: "África, Aqui Vou Eu!"

ANDRÉ (*cantando*): Eu decidi, eu vou partir pro meu lugar! Eu nunca estive lá. Mas quando vejo no espelho a admirar, eu vejo este lugar... África. Eu decidi, agora eu vou me encontrar. Sem meu amor, mas outro, eu sei, vou encontrar... eu vou recomeçar! Eu vou recomeçar.

ANTÔNIO (*cantando*): Já que é pra ir... já que é pra voltar... já que vamos lá! África, aqui vou eu! O sol vai irradiar... O coração vou encontrar! Minha mala de viagem, que eu traga na minh'alma... minha alma traz a verdade dos sonhos! Brasileiro estou! Africano sou!

Cena 6

Ainda animados, Antônio e André param de cantarolar, mas continuam arrumando as malas brancas, ajeitando peças de roupas brancas dentro delas.

ANTÔNIO: Então é isso, André! Já que é pra irmos pra África... África, aqui vou eu!

ANDRÉ: Isso, Antônio, vamos voltar! Quem sabe a gente se dá bem por lá! Você pode virar um diplomata africano.

ANTÔNIO: Africano? Não! Aí também já é demais! Acho que a nossa cidadania continuará sendo brasileira.

ANDRÉ: Ah, não! Estou sendo despejado desse país e ainda vou ficar com a nacionalidade brasileira? Injusto! Isso eu não quero! O único título que levo daqui é o de flamenguista. Serei um africano flamenguista. Isso é certo.

ANTÔNIO: É! Você pode acompanhar os jogos pela internet.

ANDRÉ *(triste)*: É.

ANTÔNIO: Que foi? Perdeu o ânimo?

ANDRÉ: É que eu me lembrei da Astrid.

ANTÔNIO: De quem?

ANDRÉ: Astrid.

ANTÔNIO: Como é que vocês vão ficar?

ANDRÉ: Não vamos ficar.

ANTÔNIO: Claro... ela não vai enfrentar a África por sua causa. Ela vai preferir ficar aqui no Brasil.

ANDRÉ: Sim. Percebi isso na hora em que estávamos todos no bar... no momento em que a polícia me apresentou a carta com a Medida Provisória. A polícia me levou pra delegacia. A Astrid viu tudo... e não reagiu.

ANTÔNIO: Nada?

ANDRÉ: Nada. Ela nem sequer foi pra delegacia comigo. Aliás, somente o Vlad me acompanhou. Aquele sim é amigo. O policial disse pra ele: "Você não precisa vir, rapaz, essa Medida é só para os de melanina acentuada." E Vlad, com seus olhos azuis, respondeu: "Mas eu sou de melanina acentuada, o senhor não consegue enxergar?" Os policiais riram.

ANTÔNIO: Riram de quê?

ANDRÉ: Como dizem os baianos... quem souber, morre!

ANTÔNIO: A Astrid não tem a melanina acentuada. Mas, se você reparar bem, os traços do rosto dela são bem característicos de africano. Ela é meio... Maria Gadú!

ANDRÉ: Talvez por isso ela não tenha me acompanhado. Ficou com medo de perceberem que, apesar de não ter a melanina

acentuada, ela tinha um pezinho na África. E a Capitu?
ANTÔNIO: A Capitu, sendo uma mulher de melanina acentuada, uma hora dessas já deve ter sido capturada.
ANDRÉ: Capitu... capturada.
ANTÔNIO: Mas tenho certeza de que a gente vai se encontrar.
ANDRÉ: Onde?
ANTÔNIO: Na África!
ANDRÉ: Sim, cara pálida, mas em qual país? Se você for enviado pra Cabo Verde e ela... pra Moçambique?
ANTÔNIO: Ela vai escolher o mesmo país que eu. Eu sei.
ANDRÉ: Como você sabe?
ANTÔNIO: Uma vez a gente conversou sobre a origem dos africanos escravizados que foram nossos ascendentes.
ANDRÉ: E...?
ANTÔNIO: Passamos uma noite inteira regada a vinho branco na casa dela. (*Malicioso.*) E no meio daquelas brincadeiras todas... a Capitu ficou reparando nos traços do meu rosto... encasquetou de descobrir naquela noite de qual região africana a gente tinha vindo. Então procuramos países que tiveram relações com a corte portuguesa durante os anos de escravização... Angola, Guiné-Bissau, Moçambique, Cabo Verde, São Tomé e Príncipe.
ANDRÉ: Como vocês fizeram?

Antônio estranha a pergunta maliciosa de André, mas ainda assim responde.

ANTÔNIO: Fizemos de camisinha.
ANDRÉ (*corrigindo o mal-entendido*): Como vocês fizeram pra descobrir a região africana de vocês?!
ANTÔNIO (*constrangido*): Ah... Capitu pegou pinturas de época de melaninas acentuadas dessas localidades e comparou com fotos atuais de nossas famílias. Depois de muita procura e... (*Malicioso.*) e de muita brincadeira naquela noite, a gente suspeitou que a família dela veio de Angola. E a nossa, por incrível que pareça... adivinha?

ANDRÉ (*interessado*): De onde?
ANTÔNIO: Da Etiópia!

Efeito-memória desenha a imagem de um etíope.

ANDRÉ: Primo, a corte portuguesa não comprou escravos na Etiópia!
ANTÔNIO: Mas há possibilidades de tráfico de escravizados entre portugueses e árabes. E os árabes com certeza pegavam escravos etíopes!
ANDRÉ (*debochando*): Você está me dizendo que nossa família veio da Etiópia? Tem certeza disso?
ANTÔNIO: Certeza nunca teremos! A documentação que estava sob os cuidados de Ruy Barbosa foi queimada.
ANDRÉ: Será que o cara queimou tudo já prevendo o processo de indenização que o advogado maluco do *Programa do Jô* abriu?
ANTÔNIO: Você ainda tem dúvidas, André?
ANDRÉ: Tenho, sim! Essa história ainda precisa ser escurecida!
ANTÔNIO: Às vezes, eu acho que você exige muito dos fatos!

Antônio volta a ajeitar mais roupas brancas na mala de viagem.

ANDRÉ: Calma aí, Antônio. Na época da abolição, quem entrou com processos de indenização foram os senhores das fazendas, alegando que aquela liberdade repentina iria prejudicar economicamente seus negócios. Eles foram conhecidos como os indenezistas! (*Estranha uma camisa no meio de suas coisas.*) Espere aí... Essa camisa não é minha. (*Joga a camisa para Antônio, que também a estranha.*) A queima da documentação, na verdade, foi pra evitar que aqueles senhores passassem a mão no dinheiro público. Você sabe disso!
ANTÔNIO: Ok... então queimou tudo e o Tesouro Nacional foi preservado. Mas o preço disso foi o sumiço na história de papéis importantes que nos davam pistas de onde vieram nossos ancestrais, além de provas oficiais e concretas

do uso de mão de obra escravizada. (*Joga de volta a camisa para André.*) E essa camisa também não é minha!

ANDRÉ: Mas hoje não se precisa de provas concretas e oficiais. A escravidão foi um fato já comprovado pela História. E hoje ainda tem muita documentação no Arquivo Público do Estado da Bahia que registra a entrada de africanos por aqui! Ainda acho que seria muito ingênuo Ruy Barbosa ter queimado aqueles papéis por essa razão. (*Analisando a camisa sem dono.*) De quem é isso, afinal?

ANTÔNIO: Primo, aqueles papéis dariam respaldo para um cálculo exato de uma indenização por trabalho servil em um processo aberto hoje em dia, como esse do advogado, que você chama de "maluco", do *Programa do Jô*. (*Lembrando.*) Ah... essa camisa é de Vlad, não é?

ANDRÉ (*convencido*): Não, Antônio... inclusive esses papéis não nos levariam aos países exatos de onde nossos parentes vieram. Africanos de diversas origens eram levados pra portos específicos na costa africana, misturando todo mundo em locais de saída estratégicos do continente. E essa camisa não é do Vlad... eu lembrei. (*Triste.*) Foi um presente de um ano de namoro que a Astrid me deu.

Ambos se olham. Depois de uma breve pausa, Antônio arremessa a camisa na cesta de lixo ao lado da geladeira branca, numa tentativa de ajudar o primo a esquecer sua história com a antiga namorada, que nem reagiu no momento em que André foi capturado pelos policiais para ser enviado de volta ao continente africano.

André e Antônio retomam a conversa, finalizando a arrumação da mala com as suas roupas brancas.

ANTÔNIO: Se eu soubesse ao menos de que "porto" nossos ancestrais vieram, já era um caminho para se trilhar uma busca histórica de nossos antepassados. E eu não precisaria ficar uma noite inteira bebendo vinho branco com a Capitu, tentando decifrar de qual país africano nossos parentes vieram!

Em efeito-memória, surge uma imagem de uma etíope.

ANDRÉ (*debochando*): E pra concluir que nós viemos da Etiópia, você e Capitu devem ter bebido bastante vinho naquela noite!

Ambos olham para a janela, ao som-memória da risada de Jô Soares.

ANTÔNIO (*conclusivo e investigativo*): Está na cara que deve ter alguma relação entre a queima da documentação e essa Medida Provisória que está levando a gente compulsoriamente pra África.

ANDRÉ (*pegando o controle branco da* TV): E por que você acha que a Capitu vai deixar de ir para o país que ela acha ser o de origem da família dela, Angola, pra te encontrar na Etiópia?

Antônio, entristecido, volta a olhar a cidade pela janela da sala. André liga a TV, *interrompendo o entristecido silêncio de Antônio.*

REPÓRTER NA TV (*off*): Muito aguardada aqui pelas autoridades angolanas a chegada do primeiro avião trazendo os cidadãos de melanina acentuada capturados no Brasil.

ANDRÉ (*curioso*): Antônio! Os primeiros deportados. Vai mostrar agora na TV!

Antônio senta-se ao lado de André no sofá branco da sala.

REPÓRTER NA TV (*off*): A expectativa é muito grande, sobretudo em relação à adaptação desses cidadãos, muitos realizando sua primeira viagem internacional. A diferença é que não se trata de uma viagem turística, e sim de uma transferência de nacionalidade. Agora estamos mostrando imagens das acomodações desses cidadãos, agora não mais brasileiros, e sim angolanos. Há quem afirme o nascimento de uma nova nacionalidade... os angoleiros... que seriam aquele povo transferido de terras brasileiras para Angola. Observem agora imagens das acomodações. Muito simples!

ANTÔNIO (*constrangido*): Isso é um albergue!

ANDRÉ: Quarto muito pequeno. Não cabe nem as malas!
REPÓRTER NA TV (*off*): Um quarto com decoração toda em verde e amarelo, dando o tom nostálgico que o momento pede. Olhem só... uma cama de solteiro, lençol, travesseiro. E um banheiro coletivo nos corredores.
ANTÔNIO (*pra si mesmo*): O que é isso?!
REPÓRTER NA TV (*off*): O governo de Angola já está providenciando vales e bolsa cidadão-angoleiro em valores que permitam a aquisição de alimentos básicos para esses cidadãos que estão chegando. (*Animado.*) Agora, voltamos com imagens do aeroporto de Angola, ao vivo... (*Sons de multidão.*) Os nativos de Angola também estão presentes. Mas a recepção não é nada agradável! (*Sons de multidão agressiva.*) Eles protestam com faixas. Temem que esses ex-brasileiros recém-chegados aumentem ainda mais o número de desempregados e provoquem uma disputa acirrada pelas poucas vagas de trabalho que existem em Angola. (*Antônio e André entreolham-se.*) Espera aí... (*Sons de tiros.*) Estou ouvindo sons de tiro... parece que um cidadão angolano protesta com armas. E grita pela não entrada de ex-brasileiros no país! Policiais estão controlando o cidadão angolano. Pessoas assustadas ao redor... por enquanto não há feridos! E vemos agora a saída dos primeiros ex-brasileiros de melanina acentuada deportados do Brasil com base na última Medida Provisória do governo... e vejam só... entre os deportados vemos a nossa maravilhosa jornalista Glória Maria. Vamos tentar entrar em contato com a Glória aqui na África. está difícil... mas vamos tentando. Aqui... (*para Glória Maria*) Glória! Aqui, Glória... aqui!
GLÓRIA MARIA (*off, nervosa*): Estou muito cansada! Estou muito cansada... E decepcionada! Eu conversei com uma socióloga credenciada ao Programa de Retorno do governo. Ela prometeu me enviar para Zanzibar! Eu não sei o que estou fazendo aqui... em Angola. Eu quero ir pra Zanzibar! Pra

mim só existem dois lugares pra eu morar, gente! Se não for no Leblon... tem que ser em Zanzibar! Eu conheço uma família lá. (*Desesperada*.) Por favor, me levem pra Zanzibar! (*Percebendo que esqueceu algo no Brasil*.) Meu Deus, cadê as minhas meninas?

Antônio e André desligam a TV e entreolham-se.

ANTÔNIO: Enganaram a Glória.

Cena 7

De repente, ouvem-se gritos de uma senhora lá fora.

SENHORA (*off, desesperada*): Soltem-me! Tirem suas mãos de cima de mim!

Antônio e André correm até a janela.

ANTÔNIO: O que é isso, meu Deus?
ANDRÉ: Dona Aracy. Deve ter saído pra tirar o lençol que secava no varal. Acabou sendo capturada pelos policiais!
ANTÔNIO: Por que ela saiu de casa? Não estava sabendo de toda essa história?
ANDRÉ: Devia estar sabendo, sim.
ANTÔNIO: Então enlouqueceu!
ANDRÉ: Enlouqueceu nada! Conheço muito bem! Dona Aracy nunca se considerou uma pessoa de melanina acentuada. Você não lembra nas reuniões do conselho administrativo do bairro? Quando alguém contava um caso engraçado, ela ria e falava: "Vocês que têm melanina acentuada são muito divertidos! Uma alegria genética!" Tinha um quê de ironia naquilo!

SENHORA (*off*):Vocês estão pensando o quê? Que vão me enviar pra África? Isso é um absurdo! Eu não tenho a melanina acentuada... nem exaltada! A lei é bem clara: "Cidadãos com melanina acentuada deverão retornar ao continente africano!"Vocês estão confundindo! Estão equivocados! Eu sou parda, está entendendo? Parda! Está escrito aqui na minha certidão! Vocês me respeitem. Me larguem!

Efeito-memória projeta as palavras "pardo" e "parda" na sala de estar branca dos primos. Imagens ampliadas de fotos 3x4 de brasileiros pardos flutuam pelos quartos do apartamento, misturadas a sons improvisados de uma guitarra eletrônica e de um instrumento de corda africano (corá).

De repente, interrompe-se o efeito-memória.

ANTÔNIO: Meu Deus! Ela está confusa.

SENHORA (*off*): Para qual país vocês vão me enviar, hein? Pra Pardolândia? Pra Pardoland? Vocês enlouqueceram?

ANDRÉ (*rindo*): Ela acreditou no conto da certidão, primo. Nossa certidão também diz que a gente é pardo. Mas o que seria isso, meu Deus? Nunca acreditei que eu fosse pardo. Isso pra mim é cor de envelope!

ANTÔNIO: Estatísticas... queriam forjar um país de melanina mais branda.

ANDRÉ: Mais branda só no papel! (*Olhando pela janela.*) Agora a coitada vai ali... acreditando ser parda e achando que a Medida Provisória não a atinge. Apesar de ser um pouco pálida, os policiais bem enxergaram a pigmentação dela!

SENHORA (*off, chorando*): Reparem bem na minha pele. Eu sou de melanina suave... Clarinha! Vocês estão cometendo uma injustiça!

ANTÔNIO (*grita pela janela*): Soltem essa senhora! Respeitem a terceira idade! Parem com essa palhaçada!

ANDRÉ (*retirando Antônio da janela*): Terceira idade? O que é isso, Antônio?

ANTÔNIO (*surpreso*): Eu é que pergunto! Você acha isso certo?
ANDRÉ (*incisivo*): Sim, acho! Dona Aracy tem a melanina acentuada! Sempre teve! Por ter a pele um pouco mais clara, se achava descendente de australianos. (*Sádico.*) Mas o destino mostrou a verdade! E agora, quando ela se vir no meio de uma tribo africana no Congo, terá certeza absoluta de que sua melanina é bem exaltada! (*Vai até a janela.*) Olha ali! Ela continua resistindo. Continua com a ideia fixa de que é alva que nem o lençol que secava no varal e que, por falta de sorte, ela saiu na hora errada pra pegar!
SENHORA (*off*): Socorro! Justiça!
ANTÔNIO: Pare, André! Pare! Você já está confundindo tudo! Não se trata de Dona Aracy se achar da África ou da Oceania. Ela é uma senhora de idade e não merece o tratamento que está recebendo. Aquela senhora está sendo levada à força para uma delegacia onde encontrará uma socióloga de ascendência espanhola que obrigará Dona Aracy a escolher um desconhecido país africano pra ser enviada por um avião… talvez em classe econômica, André!
ANDRÉ (*irritado*): Ora, primo! Pra quem veio pro Brasil em porões abafados de navios, uma passagem de avião na classe econômica pra África é um luxo!
SENHORA (*off*): Ai!!! Ai!!! Ai!!!
ANTÔNIO (*olhando pela janela*): André, aquela senhora está sofrendo!
ANDRÉ: E nossos ancestrais também não sofreram?
ANTÔNIO: O que tem uma coisa a ver com a outra?
ANDRÉ: A resistência, Antônio! A resistência! Não se pode resistir!
ANTÔNIO: Se nossos ancestrais tivessem resistido um pouco mais, eles não teriam sido trazidos até aqui… De onde estamos sendo expulsos hoje, depois de quase quatro séculos.

Pausa.

SENHORA (*off*): Ai!!! Ai!!! Ai!!!
ANTÔNIO (*reflexivo*): Não é uma questão de resistência. Apenas não acho correto eles criarem um Avião Negreiro, levando as pessoas à força.
ANDRÉ (*incisivo*): Nós não estamos indo à força! Discutimos ainda agora e achamos realmente melhor voltarmos para a África... pois a África está precisando da gente. Foi uma decisão nossa!
ANTÔNIO: Nós não estamos indo à força! (*Vai até a janela.*) Mas aquela senhora, sim. Ela não quer ir!
ANDRÉ: Ela não se considera de melanina acentuada!
ANTÔNIO: E daí? Ela tem o direito de se considerar o que quiser! Ela pode até se embranquecer. Mas aquela casa ali é dela. Ela construiu aquela casa com o próprio suor... ela é professora aposentada do estado, ensinou milhares de alunos que hoje podem estar formados e apoiando a criação desse Boeing Negreiro que vai partir pra África levando brasileiros que construíram esse país. Isso não está certo!
SENHORA (*off*): Isso não está certo! Aqui é o meu lugar! Eu trabalhei a vida inteira naquela escola ali. E agora vocês querem se livrar de mim?! Vocês não podem apagar a minha história! Meus alunos são testemunhas do que eu fiz por esse país. Perguntem a eles! Eu os eduquei... eu eduquei vocês! Vocês não podem negar. Eu faço parte! Eu faço parte da história do Brasil! E não sou africana. Sou brasileira... e torço pelo Vasco da Gama!

Da janela do apartamento, os primos observam Dona Aracy sendo colocada dentro de uma viatura. Sirene policial tensiona o ambiente ao redor. O carro dá partida e some ao longe, sob o olhar atônito de André e Antônio.

ANDRÉ: Antônio.
ANTÔNIO: Que foi?

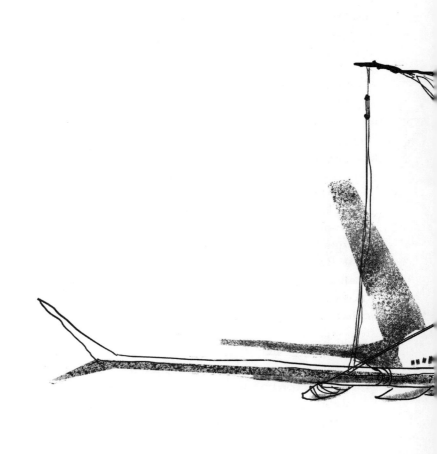

André tira a garrafinha de bebida do terno, dá um gole e guarda em seguida.

ANDRÉ: Você tem razão. Não devemos ir pra África. Vamos ficar aqui no Brasil. Nosso lugar é aqui.

Um melancólico solo de guitarra parece vir de algum apartamento da vizinhança. André e Antônio estranham, e observam a cidade anoitecida ao longe através da janela do apartamento.

Cena 8

Subitamente, as luzes da sala de estar se apagam (blackout) e o solo de guitarra do vizinho se interrompe, simultaneamente. Logo em seguida, ouve-se o som de uma misteriosa sirene vinda das ruas. Os primos estão na mais completa escuridão.

ANTÔNIO: O que está acontecendo?

ANDRÉ: Agora eles devem ter cortado o fornecimento de energia elétrica dos de melanina acentuada. Estamos na escuridão.

ANTÔNIO: Eles estão nos pressionando! E essa sirene?

ANDRÉ: Um aviso de que mais um Descendente foi capturado.

ANTÔNIO: Isso é o terror!

ANDRÉ: Eles não querem mais a gente aqui, primo. Eu não quero ir. Mas de que vale ficar aqui? Um lugar onde você não é benquisto?

ANTÔNIO (*indignado*): Mas eu sou benquisto. Esse pessoal do Curso Preparatório Pro Concurso Pra Diplomata de Melanina Acentuada é um exemplo. No encontro que tivemos durante a matrícula, encontrei pessoas legais na secretaria. Pessoas interessadas e educadas. Não é bem assim como você enxerga, André! Temos que tomar cuidado com o nosso julgamento. Sei que não podemos agradar a todos, mas é um exagero generalizar tudo. Existem pessoas que querem o bem das outras, sim! Eu me recuso a acreditar que 100% da população brasileira queira todos os de melanina acentuada de volta aos países da África em pleno 2025! Tenho percebido evoluções, primo! Atores protagonizando seriados e novelas. Mais melaninas acentuadas nas universidades. As cotas estão aí, vieram pra ficar! Abra os olhos... e veja, André!

ANDRÉ: Sim, estou abrindo... mas não vejo nada. Está tudo escuro ainda!

ANTÔNIO (*irritado*): Escuta, André... Aqui no Brasil eu sou benquisto, sim!

Nesse momento, uma pedra atinge a janela de vidro do apartamento de André e Antônio. Um homem lá fora grita.

SEU LOBATO (VIZINHO, *off*): Saiam daí, seus malucos! É lei agora! Vocês devem voltar pro lugar de onde vieram! Vocês vieram de longe e não vão aguentar ficar presos nesse apartamento por muito tempo! E por causa de vocês a rua inteira está sem luz! O governo disse que a luz só volta quando não morar nem mais um de melanina sublinhada na rua. Vocês estão trazendo a escuridão para os nossos lares! Saiam!

ANDRÉ (*irônico*): Perdão, acho que alguém interrompeu nossa conversa. Vamos retomar do mesmo ponto. Você estava me dizendo que é benquisto aqui no Brasil. Não foi isso que você disse?

Outra pedra é jogada no apartamento dos primos pela janela. Tudo continua escuro.

ANTÔNIO (*surpreso*): É Seu Lobato!
ANDRÉ: Seu Lobato!
ANTÔNIO: Mas... ele sempre foi tão legal com a gente. Sempre tratou a gente tão bem!
SEU LOBATO (*off*): Nunca gostei de vocês! Saiam desse apartamento!

ANTÔNIO (*para o primo*): Você se feriu?
ANDRÉ: Ainda não. Mas se Seu Lobato continuar com essa manifestação de carinho, acho que a gente vai sobrar!
ANTÔNIO: Procure não se mexer muito... pra evitar cortes com o vidro!
ANDRÉ: Ok, primo. Vou ficar parado. Estático. Nunca mais vou me mexer pra evitar que eu me machuque. Vamos continuar sempre assim. Imóveis... paralisados e invisíveis na escuridão. Pois se ficamos invisíveis e parados... eles têm mais dificuldade de acertar uma pedra na gente, não é verdade?
ANTÔNIO (*irritando-se*): Qual é seu problema, hein? Está contra mim?
ANDRÉ: Estou contra essa situação! Quero estar num lugar onde eu possa me movimentar normalmente. Do jeito que está, primo, a gente não tem visibilidade alguma! Nem eu consigo mais te ver. Está tudo escuro, Antônio!

Outra pedrada na janela. Tudo continua escuro. De repente, um forte som de multidão começa a ser ouvido ao longe.

ANTÔNIO (*assustado*): Está escutando, André?
ANDRÉ (*irritado*): Claro, primo! Apesar dessa escuridão toda, é claro que eu consigo escutar uma pedra quebrando o vidro de nossa janela. E se quiser um conselho de amigo, venha ficar aqui embaixo da mesa onde eu estou! O lugar mais seguro nessa situação! Venha tateando que você consegue.
ANTÔNIO: Não, primo. É outra coisa. Está escutando esse som de multidão?

Burburinho da multidão vai ficando cada vez mais forte.

ANDRÉ: Meu Deus! Isso é praticamente o Maracanã num dia de Fla-Flu caminhando em nossa direção!

Som da multidão mais alto ainda.

ANTÔNIO: Não acho que seja o Fla-Flu! É alguma manifestação!

ANDRÉ (*irônico*): Manifestação? De carinho certamente não é! Apesar de você ser um cara benquisto!

ANTÔNIO (*inseguro*): De qualquer forma, eles não podem entrar aqui. Seria considerado crime. Invasão de domicílio. Artigo 150 do Código Penal.

De fora, uma voz de mulher através de um megafone eletrônico. No apartamento, os primos continuam totalmente no escuro.

SOCIÓLOGA (*off, com megafone*): Atenção, moradores do apartamento 1105! Nós sabemos que vocês estão aí. Não tentem se esconder!

ANDRÉ (*desesperado*): Meu Deus! É a voz da socióloga!

ANTÔNIO: Que socióloga?

ANDRÉ: Aquela da delegacia que queria me enviar pra Namíbia, lembra?

ANTÔNIO: Namíbia! Ainda não consigo me lembrar se o alemão foi a língua oficial até 1990 ou 91...

ANDRÉ (*enlouquecendo*): Mas eu não sei falar alemão, primo. Você fica tranquilo aí, só porque você domina essa língua! Mas eu não! O que essa moça está querendo? Ela veio aqui insistir pra que eu vá pra Namíbia? Mas eu não vou! Eu não falo alemão! Eu não sei uma palavra em alemão, Antônio! E ela quer me colocar lá! Ela quer que eu vá pra Namíbia, primo. Essa mulher está louca! Me salva!

SOCIÓLOGA (*off, com megafone, agressiva*): Não adianta resistir! Suas passagens já foram emitidas pela A.L.A.T. – África Linhas Aéreas Tribais, empresa aérea criada especialmente para essa missão social, e agora não tem mais volta. Senhores André e Antônio, por favor descer ao *playground* do prédio. Imediatamente! Hora de brincar no *play*!

ANDRÉ (*sussurrando*): Eu não vou! Eu não vou pro *playground* agora!

SOCIÓLOGA (*off, com megafone*): Você vai sim, André!

ANDRÉ: O quê? Ela está me ouvindo? Ela colocou escuta eletrônica aqui em casa. É isso, Antônio?

ANTÔNIO: Não sei!
SOCIÓLOGA (*off, com megafone, irônica*): André, você não sabe falar alemão, meu queridinho? Não se preocupe, não! As tribos da Namíbia têm um esquema de curso intensivo de alemão pra cidadãos recém-chegados. E posso te dizer que é muito fácil falar alemão, André. (*Entusiasmada.*) *Das ist ganz leicht um Deutsch zu sprechen!* É muito fácil! *Einsteigen, bitte! Zurückbleiben, bitte!*

Um helicóptero sobrevoa nervoso o apartamento. O som das hélices em movimento mistura-se ao robusto som da multidão lá fora. As luzes do farol do helicóptero dão lampejos na janela do apartamento, bailando com a sombra dos primos em movimentação desesperada.

ANTÔNIO: Pare com isso, sua desmandada! Você está assustando meu primo! Vá embora! Nos deixe em paz! Isso aqui ainda é uma propriedade privada! Vocês não podem invadir!

As luzes do helicóptero agora se afastam, deixando tudo escuro de novo.

ANDRÉ (*desesperado*): Eles vão me levar, primo!

De repente, ainda na escuridão, ouve-se o som de batidas agressivas na porta do apartamento.

ANDRÉ (*apavorado*): Eles já estão aqui em cima! Socorro!

Sons de batidas mais agressivas ainda.

ANTÔNIO: Eles não vão invadir, André!
ANDRÉ: Como não?
ANTÔNIO: Eles não podem! É contra a lei! É invasão de domicílio! Artigo 150 do Código Penal!

Sons de batidas agressivas na porta, misturadas com o som da multidão ao longe e o som do helicóptero sobrevoando, dando lampejos esporádicos com as luzes do farol.

ANDRÉ (*desesperado*): É o fim, primo! É o fim!

SOCIÓLOGA (*off*, *com megafone, muito séria*): Melhor vocês se entregarem. Pois saiu mais uma Medida Provisória. Deixa eu pegar aqui! (*Para si mesma.*) Ai, que confusão essa minha pasta. Também, são tantas Medidas! Cada hora sai uma... Aqui... Achei! Está aqui! (*Para os primos.*) Essa medida é fresquinha. Saiu agora. "Caso o cidadão de melanina acentuada já tenha sido recolhido para a delegacia especializada, passado pela socióloga credenciada de plantão, no caso, eu mesma, e logo depois tenha fugido da vigilância policial, esse cidadão será considerado um marginal delinquente e perigoso à sociedade, podendo, então, ser recolhido até mesmo na própria residência, com possibilidade legítima de morte, caso resista ao recolhimento." (*Irônica.*) Acho que essa é pra você, André!

Batidas agressivas na porta, misturadas ao som da multidão e do helicóptero, que sobrevoa um pouco mais distante, deixando o apartamento completamente escuro. Um Policial fala atrás da porta.

POLICIAL III (*off*): Abram a porta. Vocês devem voltar para a África! Abram a porta. Temos ordem de atirar!

ANTÔNIO (*gritando*): Não vamos abrir nada. E não vamos pra lugar algum!

POLICIAL III (*off*): Vocês vieram de lá! As passagens já estão emitidas! E vocês não vão pagar nada por isso! E olha que legal: vocês podem ter excesso de bagagem. Vamos lá! Voltem para o lugar de onde vocês vieram!

ANDRÉ: Abra a porta, Antônio. Eles podem nos matar. Agora é lei! Agora está escrito na Medida Provisória que eu posso morrer! Eu fugi da delegacia. Eu sou um criminoso. É a lei!

ANTÔNIO: Ninguém vai morrer aqui, André! Calma!

POLICIA III (*off*): Calma o que, rapaz? A polícia está aqui. E com a polícia não existe calma, não! Vocês têm que pegar o próximo voo... vocês têm que pegar o próximo voo!

ANDRÉ: Voo? O espaço aéreo é uma loucura... O fundo do mar é uma loucura. Esse país é uma loucura... e eu estou muito louco!

Sons da multidão e do helicóptero aumentam. A Socióloga lá fora repete frases em alemão ao megafone. Ouvem-se na escuridão mais tentativas de arrombamento da porta do apartamento. De repente, a porta é definitivamente arrombada. Em desespero de vida e sem conseguirem enxergar o que está acontecendo devido à extrema escuridão, Antônio e André são sumariamente metralhados pela ação policial em plena sala de estar do apartamento decorado com mobílias brancas. Nesse momento, de súbito a energia elétrica volta a ser fornecida ao prédio. As luzes da sala acendem, revelando os corpos de melanina acentuada de André e Antônio estirados em sangue sobre o assoalho branco.

Cena 9

Amanhece no apartamento. Ao perceber a luz do sol que entra pela janela da sala aberta queimando o seu rosto, André acorda exaltado. Antônio, calmo, coloca uma chaleira branca no fogo.

ANTÔNIO (*calmo*): Algum problema, primo?
ANDRÉ (*resfolegante*): Cadê o policial?
ANTÔNIO: Que policial?
ANDRÉ: Tinham cortado o fornecimento de luz elétrica para os de melanina acentuada... o policial arrombou a porta pra me pegar... e acabou metralhando a gente!
ANTÔNIO (*achando graça*): Você cochilou... Teve um pesadelo, primo! (*Sério.*) A luz realmente foi cortada. Passamos a noite toda no escuro. Aceita um chá? Temos de erva-cidreira e... aquele chá... (*Misterioso.*) Você sabe do que é. Prefere qual agora?

André não responde. André transpira assustado no sofá branco. Antônio traz um chá qualquer e entrega ao primo, sentando ao seu lado.

ANTÔNIO: Daquele que você gosta!

André pega o chá. Lembrando-se das pedradas no pesadelo, levanta-se devagar e vai conferir os vidros da janela, que estão intactos.

ANDRÉ (*quase sussurrando*): Não quebraram... os vidros?
ANTÔNIO (*estranhando*): Não. Estão sujos... mas ainda estão inteiros... e assim podemos ver o que se passa lá fora!
ANDRÉ: Então foi tudo...
ANTÔNIO (*interrompendo*): Que bom que você desistiu de se entregar.
ANDRÉ (*surpreso*): Como é?
ANTÔNIO: Ainda temos a chance de essa Medida Provisória ser julgada inconstitucional pelo Congresso. Mas até lá... o Airbus Negreiro continua como que singrando nuvens por cima do Atlântico.

André, decepcionado ao perceber que somente a invasão policial havia sido parte de um pesadelo, volta a se sentar no sofá branco. Antônio vai para a janela e observa em silêncio a paisagem através do vidro sujo e transparente.

ANTÔNIO (*hirto*): Começou a nevar lá fora! Neva muito! Uma neve fina... leve. Quase imperceptível no ar. Mas que está deixando tudo branquinho. Tudo branquinho!

André ainda no sofá.

ANDRÉ (*atônito*): Nunca nevou aqui no Rio de Janeiro antes.
ANTÔNIO: Nunca nevou. Está ficando tudo branquinho. Está me lembrando Salzburgo... na Áustria... quando eu estive lá no meu primeiro estágio de diplomacia. Era pleno inverno!

Antônio continua na janela a ver a neve cair.

ANDRÉ (*tomando chá*): Sabe, Antônio, semana passada... (*Para si mesmo.*) Semana passada? É... semana passada, eu fui naquela barbearia... de Seu Machado. Aquela perto da escola onde a gente estudou quando criança. Tinha uma doida que ficava na frente da barbearia gritando que o mundo iria acabar em 2025, lembra? Eu morria de medo. Barbearia... você sabe que as barbearias vão acabar, né? Coisa antiga. Pois é... Eu voltei lá pra fazer a barba na semana passada. Sentei naquela poltrona velha... e Seu Machado percebeu que meu olho estava vermelho. Ele disse: "Teu olho está vermelho!"

ANTÔNIO (*maliciosamente estranhando*): Por que vermelho?

ANDRÉ: Sei lá. Estava vermelho. Seu Machado então pediu licença, dizendo que ia pegar um colírio... Logo depois, ele veio prontamente com o colírio para meus olhos vermelhos. Foi quando eu o parei... e perguntei: "Seu Machado, o que o senhor acha do mundo?" Ele me disse:

SEU MACHADO (*off*): Abra o olho!

ANDRÉ: E pingou uma gota de colírio bem aqui... no centro do meu olho... na retina!

Mais uma vez, melancólicos sons ocidentais de guitarra invadem suavemente a sala branca dos primos. Mas dessa vez os sons de instrumento de corda africano corá sobrepõem os da guitarra, como que em uma disputa invisível de sonoridades vindas de alguns apartamentos vizinhos do prédio.

ANTÔNIO: Grande Machado! Será que ele foi capturado?

ANDRÉ: Seu Machado tem a melanina acentuada?

ANTÔNIO: Acho que não. Tem?

ANDRÉ: Sei lá!

Cena 10

Os sons ocidentais de guitarra elétrica e africanos do instrumento corá vão sumindo, ao mesmo tempo que se percebe a persistente e alta sirene, que anuncia mais um melanina acentuada capturado na cidade. André e Antônio se olham.

ANTÔNIO: Mais um capturado.

Antônio vai ao banheiro. André pega um livro na estante e senta no sofá. André, sentado em um sofá lendo Um Defeito de Cor, *de Ana Maria Gonçalves. André confere se Antônio saiu mesmo e rapidamente tira a garrafinha de bebida alcoólica do bolso. André bebe um pouco e a guarda logo em seguida. Sons de mijo caindo na água da privada. Sons de porradas na descarga. Mais sons de porradas na descarga. André para a leitura e estranha as porradas. Antônio volta para a sala.*

ANTÔNIO: Cortaram a nossa água!
ANDRÉ: Como é?
ANTÔNIO: Estão nos pressionando!
ANDRÉ (*desesperado*): Tem água na geladeira?

Os dois se olham e saem correndo para a geladeira. Abrem a geladeira. Veem uma jarra de água gelada cheia e uma garrafa de vinho branco. Começam a beber a água da jarra revezadamente. De repente, interrompem. A porta da geladeira permanece aberta, aliviando um possível calor da cidade do Rio de Janeiro.

ANTÔNIO: Calma, André! Devemos ser prudentes! Vamos deixar um pouco de água pra mais tarde!
ANDRÉ: Sim. Mas... e depois, primo?!
ANTÔNIO: Depois? Não sei, André.
ANDRÉ: E o banho? Como tomaremos banho?
ANTÔNIO (*colocando a jarra de água na geladeira*): Não sei!
ANDRÉ (*mais angustiado ainda*): E esse banheiro com cheiro de mijo? Como vamos limpar?
ANTÔNIO (*gritando nervoso*): Não sei! Agora é você que está me pressionando! São muitas perguntas... sem respostas!

Subitamente André começa a tirar a roupa.

ANTÔNIO (*estranhando*): O que é isso, André?
ANDRÉ (*tirando a roupa*): O pior é que eu tenho pavor de mau cheiro. Pavor de mau cheiro! Eu quero tomar banho agora! Preciso tomar banho! (*Desesperado.*) Estou com calor!

ANTÔNIO: Pare com isso, André! Acabaram de cortar a nossa água!
ANDRÉ (*transtornado*): Pare com isso você! Isso é um plano sórdido seu! Você sabe que eu tenho pavor de cheiro de mijo no banheiro... pavor!!! Eu me irrito sempre que você se esquece de dar a descarga na louça. (*Reflexivo.*) Ah... é por isso que você fez xixi agora... porque eu tenho pavor de mau cheiro. Pavor de mau cheiro! E agora que cortaram a nossa água, logo o banheiro vai cheirar mal, e você sabe que eu não vou suportar... vou terminar saindo do apartamento... sendo capturado pelos policiais e levado de volta pra África. Claro! Essa é a sua estratégia pra ter o último litro de água potável somente pra você! Não somente o último litro de água como também a última garrafa de vinho branco!
ANTÔNIO: Vinho branco? Você enlouqueceu? Eu não planejei nada!
ANDRÉ: Planejou sim! (*Para si mesmo.*) E o pior é que eu tenho pavor de mau cheiro! Pavor de mau cheiro!
ANTÔNIO: Pare com isso, André! Podemos perfeitamente beber esse litro de água gelada juntos. E o vinho também... (*Súbito.*) Vamos beber o vinho branco. Cadê o saca-rolha? Onde está o saca-rolha?
ANDRÉ (*farejando algo estranho no ar*): Espera aí... O mau cheiro está começando. (*Sofrendo.*) E parece que você... Você não fez só xixi! Você é muito escroto, Antônio! Você sabe que eu odeio mau cheiro! Que plano sujo! Seu moleque!

André avança furioso sobre Antônio, e começam uma briga corporal.

Cena 11

Durante a briga na sala branca do apartamento, o efeito-memória dos primos remonta barridos desesperados de elefantes, como que em uma caçada brutal. Em contraponto, esse mesmo efeito-memória aciona um diálogo antigo entre André e Antônio, que convoca frases do "Ensaio Sobre a Questão das Leis", de Franz Kafka.

ANTÔNIO: Em geral, as nossas leis não são conhecidas, senão que constituem um segredo do pequeno grupo de aristocratas que nos governa.

ANDRÉ: Embora estejamos convencidos de que estas antigas leis são cumpridas com exatidão, é extremamente mortificante ver-se regido por leis que não se conhece!

ANTÔNIO: Não penso aqui nas diversas possibilidades de interpretação, nem nas desvantagens que se derivam de que apenas algumas pessoas, e não todo o povo, possam participar da interpretação.

Antônio e André se jogam no sofá branco, lutando um contra o outro.

ANTÔNIO: As leis são tão antigas que os séculos contribuíram para sua interpretação e esta interpretação já se tornou lei também...

ANDRÉ: ...mas as liberdades possíveis a respeito da interpretação, mesmo que ainda subsistam, acham-se muito restringidas.

Som cada vez mais alto de barridos de elefantes desesperados. Lá fora, fantasticamente a neve cai com mais intensidade.

ANDRÉ: Segundo a tradição, as leis existem e foram confiadas como segredo à nobreza, mas isso não é mais do que uma velha tradição, digna de crédito pela sua antiguidade...

ANTÔNIO: ...pois o caráter destas leis exige também manter em segredo a sua existência.

Agora se jogam no chão em uma luta sem fim. Sons de barridos de elefantes continuam.

ANTÔNIO: ...e mesmo se, depois dessas deduções finais, cuidadosamente peneiradas e ordenadas, procuramos nos adaptar de certo modo ao presente e ao futuro, tudo aparece, então, como incerto e talvez como simples jogo de inteligência...

Levantam-se encarando um ao outro. Ao fundo, através da janela com vidros sujos, a neve branca se intensifica por toda a cidade do Rio de Janeiro.

ANDRÉ: ...Pois talvez essas leis que aqui procuramos decifrar não existam!

André e Antônio param de brigar. O barrido dos elefantes some. Lá fora, a neve para de cair.

Cena 12

Logo após, André e Antônio começam lentamente a arrumar a sala bagunçada pela briga. Ajeitam os ternos e gravatas. Por último, Antônio pega a garrafa de vinho branco e fecha a porta da geladeira, que estava aberta durante toda a furiosa briga entre eles. Com o vinho branco na mão, André descobre o saca-rolha, que estava em cima da geladeira.

ANTÔNIO (*tentando abrir o vinho*): Calma, André. Vamos arranjar uma saída.

André retira uma caixa de maquiagem do bolso.

ANTÔNIO (*tentando abrir o vinho*): É só uma questão de tempo.

André começa a maquiar o rosto com uma espécie de pancake branco, retirado do armário. Antônio não percebe.

ANTÔNIO (*abrindo o vinho*): Não podemos nos desesperar. Podemos abrir uma ação contra essa Medida. Ela fere os Direitos Humanos. Além de ser completamente inconstitucional!

E as leis são passíveis de interpretação. Eu posso entrar com uma ação e interpretar essa Medida de uma outra forma.

Sem que Antônio perceba, André continua a pintar o rosto de branco.

ANTÔNIO *(abrindo o vinho)*: Com certeza essa Medida Provisória surgiu como uma resposta à ação judicial daquele advogado maluco do *Programa do Jô*! O governo iria quebrar financeiramente se ele fosse pagar uma indenização pra cada cidadão de melanina acentuada. *(Descobrindo.)* É isso, André! Deve ter sido um Recurso Judicial da União contra o pedido do advogado maluco, que tinha sido deferido pelo Juiz. *(Consegue finalmente abrir o vinho.)*

André já de rosto completamente branco pelo pancake.

ANTÔNIO *(procurando taças no armário)*: Pra não pagar o valor da causa de novecentos bilhões de reais, o governo deve ter sugerido no Recurso Judicial uma reparação social pela escravidão, levando de volta todos os descendentes. *(Achando as taças.)* Meu Deus! Tudo isso está acontecendo por uma razão financeira!

André se levanta e vai até Antônio, que ainda não vê o rosto branco de André.

ANTÔNIO *(colocando o vinho nas taças)*: Mas eu tenho uma outra interpretação dos fatos, primo! Veja bem... se o erro foi cometido no período em que éramos comandados pelos portugueses... então o erro social nunca foi do governo brasileiro!

André se aproxima mais de Antônio.

ANTÔNIO: ...e sim da Coroa portuguesa. Sendo assim, quem tem que pagar esses novecentos bilhões de indenização, hoje, é o governo de Portugal. *(Para e reflete.)* Mas o Portugal de hoje não tem nada a ver com o Portugal de ontem. E isso é uma questão!

André "cutuca" Antônio pelo ombro. Antônio se vira para entregar a taça de vinho a André e toma um susto com sua cara branca. Nesse momento, uma das taças de vinho branco escapole das mãos de Antônio e se quebra no assoalho branco.

ANTÔNIO: O que é isso, André?! Você está pálido.
ANDRÉ: Pálido, não! Eu estou branco. Fiquei branco!

Antônio, preocupado, entrega hesitante a taça com vinho branco a André.

ANDRÉ (*bebendo o vinho branco*): Eu preciso sair pra comprar comida. Não temos mais comida em casa, primo. Já comemos tudo! E logo estaremos com fome. Eu vou sair pra comprar pão... (*Reflexivo.*) Depois eu vou passar manteiga no pão. E pensar: "estou comendo pão!" Primo, você acha que vão me reconhecer na rua?

Antônio não responde. Com a ausência de resposta, André olha decepcionado para Antônio.

ANDRÉ (*triste*): Ficou bom, primo?
ANTÔNIO: A execução ou a ideia?
ANDRÉ: Os dois!
ANTÔNIO (*irônico*): Você está conseguindo um efeito. Sua melanina está aparentemente mais suave. Você está menos retinto!
ANDRÉ (*feliz*): Isso! (*Bebe um gole da taça de vinho branco e a coloca sobre a mesa.*) Vou ao mercado... E volto com os pães!

André tenta abrir a porta. Percebe a porta trancada.

ANDRÉ (*irado*): Quem trancou essa maldita porta, primo?
ANTÔNIO: Acho que foi a Corte portuguesa.
ANDRÉ (*surpreso*): Quem?!
ANTÔNIO: Foi a Corte portuguesa quem comandou o tráfico de melaninas acentuadas da África pro Brasil. Eles que deveriam pagar a indenização.
ANDRÉ: Você acha isso mesmo?
ANTÔNIO (*entusiasmado*): Agora está tudo muito claro!

Um flash de luz invade a sala, vindo da janela de vidros sujos. Antônio pega um lenço do armário e começa a limpar o rosto branco do primo.

ANTÔNIO (*limpando o rosto de André*): Vamos invalidar essa Medida Provisória, primo. (*Grita pela janela.*) Ninguém mais será deportado pra África!!!

Entra mais uma vez o som da sirene que anuncia mais um melanina acentuada capturado nas ruas. Antônio e André se entreolham preocupados.

ANDRÉ (*aflito com a sirene*): Mas temos que agir rápido.

André vai até o tabuleiro de xadrez.

ANDRÉ: Meu Deus, quem é que joga agora? Você ou eu? (*Pega a peça do rei do jogo de xadrez.*) Eu não consigo identificar de quem é esse rei... Você já percebeu isso? Nesse tabuleiro todas as peças são brancas, Antônio! (*Com a peça do rei na mão, desesperando-se.*) Eu não sei qual é o meu rei! Tem um xeque-mate ali no tabuleiro, primo! E eu não sei quem é o meu rei! Quem é o meu rei, Antônio? Quem está perdendo com tudo isso?

De repente, surgem, dessa vez ao longe, sons de uma manada de elefantes correndo assustada.

ANDRÉ: O que é isso?

Antônio e André correm assustados para a janela. Sons da manada de elefantes aumentam.

ANTÔNIO (*olhando pela janela*): Meu Deus! De onde vieram esses elefantes?

ANDRÉ (*rindo e falando alto, tentando superar o som dos elefantes*): Não sei, primo!

ANTÔNIO: Estão destruindo a rua... derrubando os postes! Que loucura!

ANDRÉ (*rindo*): Sabe, primo... uma vez eu tive um sonho! E era um salto alto... um salto alto plataforma assim. E eu girava assim... e assim. Uma loucura! Antônio, acho que voltamos!
ANTÔNIO: O quê?
ANDRÉ (*feliz*): É! Acho que já estamos na África!
Antônio fica assustado.
ANDRÉ (*apontando os elefantes nas ruas*): Este é o sinal!
ANTÔNIO: Que sinal?
ANDRÉ: O sinal dos tempos! Você já ouviu falar do ciclo de 240 milhões de anos, primo?
ANTÔNIO: O quê?
ANDRÉ (*olhando pela janela os elefantes*): O sistema solar está completando o último giro em torno da galáxia. Estamos finalizando um ciclo, Antônio! Tudo o que acontece hoje tem a ver com a finalização desses 240 milhões de anos! O aquecimento global, o derretimento das calotas de gelo, a queda do Airbus 330 no Oceano Atlântico, os ataques terroristas e antissemitas, brasileiros mentindo na Suíça, a morte do Jean Charles no metrô de Londres, os terremotos no Haiti e no Chile. A menina jogada da janela do edifício pelo próprio pai. A morte de Michael Jackson! Será que ele morreu mesmo, gente? Lá na Bahia há notícias de uma cadela que pariu um rato... um rato, primo! (*Constatando*). O óleo de petróleo espalhado pelas praias do Nordeste brasileiro! A flatulência do gado nos pastos está provocando o efeito estufa... (*Retirando a garrafinha de bebida alcoólica do bolso. Ameaça um choro doentio, logo interrompido.*) Você sabia disso? Tem metanol no peido das vacas, Antônio. Metanol! (*Bebe na garrafinha e guarda rapidamente de volta no bolso.*) Uma loucura! Deve ser essa finalização de ciclo. Inclusive (*pausa*) essa Medida Provisória do governo... (*Olha pela janela.*) E isso aí!
ANTÔNIO (*impaciente*): Isso aí o quê?

ANDRÉ: A África... Vindo até a gente!

Som mais alto de elefantes invadindo a cidade.

ANTÔNIO: Como assim, André? Os dois continentes se juntando? É isso? (*Irônico.*) Duas placas terrestres que se separaram milhões de anos atrás se reaproximando? Você está falando de reaproximação?

ANDRÉ: Placas?

ANTÔNIO (*tentando superar o som dos elefantes*): Você está louco, André! Não tem reaproximação nenhuma...

André bebe um gole da taça de vinho branco que estava sobre a mesa, colocando-a de volta imediatamente no mesmo lugar.

ANDRÉ: Antônio...

ANTÔNIO (*interrompendo*): Cale essa boca, André! (*Olhando os elefantes pela janela.*) Isso só pode ser maluquice da sua cabeça! Não existe nada disso! Não existem elefantes destruindo as ruas do Rio de Janeiro!

ANDRÉ: Existe, sim... eu estou ouvindo, você está ouvindo! (*Olha pela janela de vidros sujos.*) Eles estão ouvindo!

Pega a taça de vinho branco de novo.

ANTÔNIO (*histérico*): Chega, André! Pare! (*Toma a taça da mão de André.*) Ninguém está ouvindo nada!

Subitamente, os barridos da manada de elefantes somem. Um silêncio se instala na sala branca do apartamento. Antônio bebe o resto de vinho branco da taça que retirou da mão de André.

ANTÔNIO: Você está querendo me enlouquecer! Você não vai conseguir. Está me ouvindo? Essas relações que você está fazendo... O que o peido das vacas tem a ver com a Medida Provisória que leva a gente de volta à África? Aquecimento global... ciclo de 240 milhões de anos... Está maluco? Pare com isso! Você tem essa mania de tentar facilitar as coisas pra você. Sempre foi assim. Encare os fatos. E quando falo "fatos", me refiro aos fatos reais.

ANDRÉ: Reais?

ANTÔNIO: Sim, reais!

ANDRÉ (*desvairado*): E o que é real aqui, Antônio? Me diga! Por favor, me esclareça. O que é real?

ANTÔNIO: Você é real. Sua sabedoria, seu trabalho, seu curso de Direito. Nosso sofá é real, nossa televisão, nossos livros, nossa mesa, nosso tapete... eu sou real, André! E estou aqui na sua frente te encarando! (*Pega o rosto de André e vira em direção à rua através da janela de vidros sujos.*) Eles são reais. Eles existem.

Animado, Antônio vai finalmente para a varanda até então evitada pelos primos.

ANTÔNIO: Não estamos sós, André! Olhe! Encare! Perceba! Saia daí de dentro e venha aqui pra fora! Esqueça o peido da vaca nos pastos e venha! Sem medo! Mas venha com coragem! E não pense que vão lhe fazer mal. Ninguém vai lhe fazer mal. Sabe por quê? Porque você é um cara preparado. E estar preparado... é tudo!

ANDRÉ (*constrangido*): Faça a coisa certa, primo! Está doido? Volta pra cá!

ANTÔNIO (*imitando André*): Volta pra cá! Voltar pra onde, rapaz? Esqueça essa história de voltar. Deixe a África lá e queira ficar aqui! Com essas pessoas! (*Aponta para as ruas.*) Não fique preso ao passado, André! Estamos presentes numa nova realidade! E nessa nova realidade você não é mais o mesmo que você era há um minuto atrás. Muito menos você é o que você era há quatro séculos! Existe um novo conceito que você precisa conectar. (*Volta pra sala branca do apartamento.*) Primo, existe um novo lugar! Um novo caminho pra melanina acentuada! Não deixe esse momento passar em branco! Deixe os elefantes em paz!

ANDRÉ: Mas eles não pensam assim! Estão nos pressionando cada vez mais. (*Tenta ir para a varanda, mas hesita. Não consegue ir.*) Tiraram nossa comunicação. Cortaram nossa energia elétrica, nossa água. Estamos sem comida... sem livros, sem dinheiro. Sem bolsas! Sem cultura... sem arte! Nos tiraram tudo. Daqui a pouco vão cortar nosso ar... nosso oxigênio... (*Desesperado.*) Meu Deus!

Subitamente, André começa a sentir-se sufocado, sem ar. Ele não consegue respirar. Ajoelha-se no assoalho branco.

ANDRÉ (*voz esganiçada*): Socorro, primo! Me ajude! Não consigo respirar!

Cena 13

Em efeito-memória, ouve-se uma música clássica barroca e percebem-se imagens flutuantes de mazelas brasileiras por toda a sala branca do apartamento. Lá fora, volta a nevar nas ruas da cidade do Rio de Janeiro.

ANTÔNIO: Com o sonho da unificação encalhado entre a hipocrisia de uns e a indiferença de outros, a África fechou os últimos anos com recuos e alguns progressos.
ANDRÉ: Me ajude, primo! Oxigênio... Por favor! Cortaram nosso oxigênio!
ANTÔNIO (*agora se dirigindo a André*): A reincidência no desperdício de oportunidades para mudar o rumo de sua história foi uma constante...
ANDRÉ (*ainda asfixiante*): Você sempre se achou melhor do que eu. É por isso que você fala assim comigo, primo. Minha mãe sempre me falava que eu devia seguir teu exemplo.

André começa a se arrastar no chão em direção a Antônio. Em efeito-memória, a música barroca insiste. E agora começa a nevar dentro de casa, como que caindo neve do teto do apartamento dos primos.

ANTÔNIO: Um surto de novas catástrofes humanas no Zimbábue e no Congo, onde a irresponsabilidade dos homens mutilou a vida de milhares de pessoas. Fala-se em centenas de milhares de crianças, mulheres e homens inocentes mortos, deslocados ou desonrados nos últimos quatro meses de 2008, no leste do Congo, fruto da nova rebelião lançada pelo general Laurent Nkunda. Mas a gente precisa compreender as razões desses fatos. Será que o denominado Primeiro Mundo tem culpa nisso?

ANDRÉ (*se arrastando na direção de Antônio*): Mas eu não quero ser você. Eu quero ser eu! Eu preciso respirar, primo... Não consigo... não consigo! Eu não consigo respirar! *I can't breathe!* Onze vezes... *I can't breathe!*

ANTÔNIO (*irritado com André*): Consegue, sim, André! Respire, primo! O Primeiro Mundo tem culpa? Talvez sim. Não se ouve falar na imprensa que multinacionais canadenses estão, hoje em dia, explorando poços de petróleo no Sudão, numa negociação extremamente injusta para os cofres africanos. Ninguém cita, por exemplo, a extração do titânio feita por empresas americanas que está provocando poluição radioativa sem precedentes na região sudanesa.

ANDRÉ (*asfixiante*): Como se não bastasse, eu ainda fui tentar ser advogado! Eu já queria antes. Antes de você escolher essa profissão, eu já estava pensando nela. E todos me diziam... que eu fiz bem em seguir os passos do primo. (*Irritado.*) Você que seguiu os meus passos. Sua entrada primeiro na faculdade foi uma questão de...

ANTÔNIO (*interrompendo*): Não, André... nada disso. O Primeiro Mundo tem dedo nisso aí, sim! A situação de agiotagem que a África vive hoje em relação à dívida externa com o Primeiro

Mundo é uma loucura! Hoje, a riqueza não vai dos países ricos da Europa e da América para a África, e sim da África para o Primeiro Mundo. Há um fluxo de capitais, devido ao pagamento dos juros da dívida externa, muito maior que as ajudas que vão para a África. Isso acontece agora! Em pleno 2025!

ANDRÉ (*despenca cansado no chão*): Socorro, primo! Eu não consigo respirar!

Ambos os primos completamente brancos por causa da neve que cai incessantemente dentro do apartamento.

ANTÔNIO: Se existe um movimento para resolver a situação econômica africana, então por que essa cobrança de juros? Aliás, por que existe essa dívida externa? O governo africano gasta quatro vezes mais para pagar os juros da dívida externa do que em todos os projetos de educação e saúde.

André volta a se arrastar. Música barroca se intensifica.

ANDRÉ (*quase morrendo*): Eu não vou aguentar, primo! "Senhor Deus dos desgraçados! Dizei-me vós, Senhor Deus! Se é loucura… Se é verdade tanto horror perante os céus?!" Eu não vou aguentar, primo!

ANTÔNIO: Sim, eles vão aguentar, André! Porque existe algum progresso aqui e acolá, como a tendência otimista do processo de paz na Costa do Marfim, a gradual consolidação de democracias emergentes, como Cabo Verde, Gana e Moçambique. São pequenas gotas no oceano! Mas são progressos.

ANDRÉ: Nós éramos os únicos melaninas acentuadas na escola… você não estranhava aquilo. Eu queria ir embora! Eu quero ir embora!!!

ANTÔNIO: E uma coisa muito positiva que acontece hoje na África é a série de valores da cultura tradicional que continua sobrevivendo, apesar da inundação cheia de prepotência dos meios de comunicação da cultura ocidental.

ANDRÉ: Vamos embora, primo! Vamos embora!

ANTÔNIO (*súbito*): Ah... E a Comunidade Internacional? (*Irônico.*) A Comunidade Internacional... A triste onipresente impassividade... (*Olha para a plateia.*) A impotência da Comunidade Internacional num mundo onde os interesses econômicos de grupos continuam a suplantar todos os demais valores! Incluindo o da vida humana!

ANDRÉ (*quase morrendo*): A chacina no Congo passou despercebida em uma missão de manutenção da paz das Nações Unidas.

ANTÔNIO: Isso, primo! A chamada força híbrida das Nações Unidas e da União Africana em Darfur, no Sudão, também se revelou incompetente para acudir o sofrimento das populações ávidas pelo retorno à normalidade.

André chega aos pés de Antônio. André abraça as pernas de Antônio, desfalecendo. Antônio tenta se livrar de André agarrado aos seus pés. André despenca no chão. Antônio começa a andar desgovernado pela sala branca do apartamento.

ANTÔNIO (*rindo*): Mas o que importa tudo isso agora, já que a Copa do Mundo de 2010 foi lá na África, não é? (*Exaltando.*) Vamos comemorar! Vamos celebrar o horror de tudo isso!

Antônio se aproxima do desfalecido André.

ANDRÉ (*quase morrendo, agarrando os pés de Antônio*): "Andrada! Arranca esse pendão dos ares! Colombo! Fecha a porta dos teus mares!"

André desmaia nos pés de Antônio. Música clássica barroca se interrompe simultaneamente ao desmaio de André. A neve que vinha do teto do apartamento cessa de cair. Nesse momento, do outro lado da porta, alguém bate à porta do apartamento com muita violência. Antônio desesperado com André desmaiado nos braços. As batidas na porta continuam mais fortes ainda.

MINISTRO DA DEVOLUÇÃO (*off*): Abram essa porta! Aqui é o Ministro da Devolução!

ANTÔNIO (*assustado*): Ai, meu Deus! Deve ser um pesadelo!
MINISTRO DA DEVOLUÇÃO (*off*): Não, Antônio. Dessa vez não é pesadelo. Pesadelo foi lá atrás. No meio da história. Agora é real! Vocês têm que se entregar! As passagens já estão realmente emitidas. Vocês não podem perder esse voo pra África, porque não tem reembolso pro governo. Cancelar as passagens de vocês significa onerar os cofres públicos.
ANTÔNIO (*indignado*): O que eu tenho a ver com os cofres públicos?
MINISTRO DA DEVOLUÇÃO (*off*): Tudo! Vocês têm tudo a ver com os cofres públicos! Por causa de vocês, o governo está correndo o risco de ter que desembolsar novecentos bilhões de reais em pagamentos de indenização pelo uso indevido de mão de obra escravizada por mais de trezentos anos. Imagine! FGTS daquele povo todo!

Um helicóptero começa a sobrevoar nervoso o prédio do apartamento de Antônio e André.

ANTÔNIO (*desesperado*): Meu Deus, o que é isso?
MINISTRO DA DEVOLUÇÃO (*off*): Pedimos reforços! Precisamos realmente despachar vocês imediatamente pra África.

Ouvimos no megafone a voz da Socióloga, disputando escuta com os sons do helicóptero.

SOCIÓLOGA (*off, com megafone*): O ministro tem toda razão, Antônio. O caso de vocês já está enchendo o saco! As autoridades já não aguentam mais. A mídia e as redes sociais não falam em outra coisa. Todos os cidadãos de melanina acentuada do Brasil já foram transportados pra África. Só faltam vocês! Ontem saíram os últimos Boeings da Bahia e do Rio Grande do Sul... Aliás, lugares que nos deram bastante trabalho pelo excesso de contingente. Nossa! Foi uma loucura! Há notícias de alguns timbaleiros fugitivos e resistentes, escondidos pela região do Candeal, em Salvador, Bahia! Mas acho que são boatos. De forma que vocês são

os últimos. E daqui a pouco estará saindo o último avião pra África, daqui do Rio de Janeiro. Um avião só pra vocês. Como vocês têm curso superior, poderão ir de primeira classe. (*Irônica*.) Que chique, hein?

O helicóptero sobrevoa mais próximo, quando já podemos perceber as luzes do seu farol invadindo o apartamento.

ANTÔNIO: A senhora está me dizendo que todos já foram transportados?

Sons de uma multidão se aproximando vai crescendo, se juntando ao som do helicóptero e das batidas agressivas do Ministro da Devolução na porta.

SOCIÓLOGA (*off, com megafone*): Gostaria de informar que, daqui de cima do helicóptero, estou vendo uma multidão indo em direção ao seu apartamento, Antônio. Eles não estão satisfeitos. O governo realmente cortou o fornecimento de luz elétrica e a água dos bairros onde ainda habitam melaninas acentuadas aqui no Brasil.

O som da multidão vai ficando cada vez mais forte. Antônio se desespera.

ANTÔNIO: Acorda, André! Acorda, primo!
SOCIÓLOGA (*off, com megafone*): Ele está morto, Antônio.
ANTÔNIO (*desesperado*): Morto?
SOCIÓLOGA (*off, com megafone*): Morreu com o corte do fornecimento de oxigênio aos de melanina acentuada.
ANTÔNIO: Mas eu estou vivo!
SOCIÓLOGA (*off, com megafone*): Foi uma morte sugestionada. Ele acreditou tanto na possibilidade da ausência de ar que realmente não conseguiu mais respirar. Uma pena! Queria tanto que ele conhecesse a Namíbia. Tenho certeza que se adaptaria àquele universo.
ANTÔNIO (*triste*): Meu primo!

Antônio contempla André, estendido no seu próprio colo. No rosto de André ainda percebe-se resquícios de pancake branco. Sons mais altos de helicóptero sobrevoando o prédio. Som da multidão se aproximando. Batidas agressivas na porta.

MINISTRO DA DEVOLUÇÃO (*off*): Abra a porta, rapaz! Você não tem mais saída. Volte para a África. Volte para lá!

De repente, faz-se silêncio. Antônio, com André nos braços, começa a recitar baixinho ao ouvido do primo. Sons de violinos improvisados, misturados a sons de atabaque e instrumento de corda africano (corá) surgem em efeito-memória.

ANTÔNIO: Um dia o sol nasceu mais forte. Muito mais forte que nos outros dias. E, apesar de sua luminosidade forte e aquecida, a pele das pessoas não queimava... não ardia. Era como se aquela luz fosse uma água invisível, que molhava a todos na face, nos braços... nas pernas... no corpo. Essa luz penetrava os olhos de todos os cidadãos da Terra, e todos sorriam... e se perguntavam: por que a minha pele não queima? Por que eu não sinto arder? E, nesse instante, era como se fôssemos um só. (*Sons de violinos, atabaque e corá se intensificam.*) E foi então que as peles de todos os seres humanos viraram espelhos. Espelhos que contornavam cada detalhe de nossos corpos... como um tecido que nos protegia de nós mesmos.

Em efeito-memória, ouve-se sonoridades de aeroporto.

AEROMOÇA (*off*): Atenção, senhores passageiros do voo 1888. Bem-vindos ao último voo da África Linhas Aéreas Tribais, uma empresa criada especialmente para missões sociais para um mundo melhor. Nosso tempo estimado de voo é de onze horas. Com previsão de chegada ao Aeroporto Internacional da Namíbia por volta das 18h. A temperatura do local de destino é de 42°.

ANTÔNIO (*surpreso*): Namíbia?
AEROMOÇA (*off, debochada*): Ora, não venha com essa, Antônio! Você fala muito bem o alemão, que eu sei! (*Séria.*) Temos uma previsão de voo estável. E o nosso comandante sugere que, na chegada ao aeroporto da Namíbia, os passageiros observem pela janela esquerda do avião a incrível região desértica encontrando o mar. A Namíbia é o único lugar no mundo onde o Deserto Árido encontra o Mar Oceânico. Um fenômeno somente divulgado depois da chegada dos alemães ao local...

Ainda em efeito-memória, o som das turbinas do avião vai suplantando a voz da Aeromoça até dominar completamente o ambiente. De repente, o som ensurdecedor das turbinas silencia-se por completo. Transpassado por um pequeno facho de luz que ainda consegue iluminar os sufocados olhos e boca, Antônio recita trechos de "O Navio Negreiro", do poeta Castro Alves, em tradução para a língua alemã. Seus olhos veem ao longe a Namíbia.

ANTÔNIO:
"Estamos em pleno mar,
Zwei Unendlichkeiten
Umschliessen sich unmassloser Umarmung.
Blau, Gold, friedvoll, erhaben.
Welche von beiden ist Himmel?
Welche Ozean?
Welche von beiden ist Ozean?
Welche Himmel?
Estamos em pleno mar!"

O pequeno facho de luz extingue-se.
É o fim.

O CAMPO DE BATALHA NAMÍBIA, NÃO! EMBARQUE IMEDIATO

EMBARQUE IMEDIATO

O CAMPO DE BATALHA NAMÍBIA, NÃO! EMBARQUE IMEDIATO — repeated as background pattern across the page.

[T]rês eventos históricos: a escravidão, o colonialismo e o apartheid. A estes eventos, um específico conjunto de significados canônicos foi atribuído. Primeiro, a ideia de que, através dos processos de escravidão, colonização e apartheid, o eu africano se torna alienado de si mesmo (divisão do self). Supõe-se que esta separação resulta em uma perda de familiaridade consigo mesmo, a ponto de o sujeito, tendo se tornado um estranho para si mesmo, ser relegado a uma forma inanimada de identidade (objetificação). Não apenas o eu não é mais reconhecido pelo outro, como também não mais se reconhece a si próprio.
ACHILLE MBEMBE, *As Formas Africanas de Auto-Inscrição*.

[O] cidadão é redefinido como sujeito e beneficiário da vigilância, que é exercida prioritariamente pela transcrição das características biológicas, genéticas e comportamentais em impressões numéricas [...] as impressões digitais, da íris, da retina, da voz, e até da forma do rosto, permitem medir e arquivar a unicidade do indivíduo. As partes imutáveis do corpo tornam-se a pedra de toque de inéditos sistemas de identificação, vigilância e repressão.
ACHILLE MBEMBE, *Crítica da Razão Negra*

Um Embarque Necessário

Dione Carlos

ASSISTI *EMBARQUE IMEDIATO* no Festival de Arte Negra (FAN), em Belo Horizonte, em 2019. Antônio Pitanga e Rocco Pitanga estavam em cena, encarnando um encontro diaspórico entre tempos e geografias, interpretando dois homens presos em uma sala fechada de aeroporto, após perderem seus documentos de identidade e não conseguirem desembarcar. Confinados em um mesmo ambiente, travam um diálogo tenso, repleto de estranhamentos, distanciamentos, não por acaso expressões que definem alguns procedimentos encontrados no Teatro Épico. Aliás, o próprio Brecht pode ser ouvido na peça, dialogando com um dos homens da sala de embarque, em uma espécie de delírio do jovem intelectual com o objeto de estudo da sua tese. Parte desse jovem também a defesa de possíveis aspectos positivos advindos da diáspora negra, algo questionado pelo outro homem, mais velho, vestido com roupas africanas, que chama Brecht de "senhor Brecht" e que exerce uma espécie de "intelectualidade orgânica durante o diálogo". Não temos mais informações sobre os dois homens; eles representam muitos, o que os transforma dramaturgicamente em "indivíduos coletivizados". São chamados de "Jovem Cidadão" e "Velho Cidadão". Ambos carregam continentes no modo como se deslocam, e eu, sentada ali, naquela sala de teatro, sei que estamos diante de uma grande "encruzilhada" onde uma presença afeta a outra, promovendo uma intersecção. Talvez nós, o público, sejamos o resultado desse encontro entre visões, desse embate de mundos. Talvez a fruição do público seja o resultado da intersecção criada pelo embate dialógico entre as duas figuras em cena. Pois nem o texto nem a encenação oferecem respostas ou soluções para as questões debatidas. Somos convidados a pensar nas muitas perguntas feitas durante a peça. O Velho Cidadão é africano, mas descende dos agudás, escravizados brasileiros que retornaram à África. O Jovem Cidadão nem cogita retornar ao continente africano. Nesse ponto, sei que estamos diante do trauma colonial, mais uma vez, em nossas afirmações e negações históricas. Não podemos desembarcar porque perdemos nossas identidades pelo caminho, perdemos o contato com os nossos mais velhos, afinal, as crianças que nasceram no Brasil, já escravizadas, não conheceram seus avós. Em parte, a nação brasileira é essa criança sem passado, que mal conhece seus pais. Essa desconexão dificulta nosso desembarque, nosso retorno; é como se ainda estivéssemos atravessando o Atlântico. "A doença da juventude é algo que passa", diz o Velho Cidadão. Não envelhecer é não ter história, e ouvir essa frase me faz pensar no Brasil (vermelho como brasa), essa invenção europeia tão diferente de Pindorama (terra sem males), este sim um lugar de múltiplas nações, compostas por nossos antepassados indígenas, os únicos povos nativos desta terra. Ao pensar nisso, revivo as sensações de ter assistido à peça no segundo maior festival de cultura negra do mundo, em uma das maiores nações negras do mundo – e ao dizer "negro", hoje eu sei, falamos de mais uma invenção estrangeira, uma vez que os primeiros negros do Brasil foram os chamados "negros da terra", os povos indígenas. Se eu não sei de onde vim, não tenho para onde voltar. Talvez por isso escrevamos peças de teatro, como uma forma de recuperar riquezas roubadas. Em algum momento, o Jovem Cidadão, já exasperado, comenta aturdido: "Pessoas... navios... barcos... e peixes?" Sim, penso eu, ali encolhida na poltrona do teatro. Talvez sejam os mesmos peixes, da mesma rota em que seres humanos foram traficados por séculos, fazendo com que os tubarões mudassem seus hábitos alimentares, diante de tantos corpos africanos lançados ao mar. Peixes, como os da costa senegalesa, pescados em larga escala por países europeus, o que obrigou os pescadores senegaleses a navegarem mais e mais em busca dos cardumes, até descobrirem que era possível chegar a Portugal de barco. O tempo espiralar acontece na dramaturgia e na vida. Um ciclo de repetições, de choque entre os tempos, passado no presente, futuro no passado, desafiando as nossas cabeças até quase nos levar aos extremos da loucura. E só podemos agradecer a existência de Leda Maria Martins, que nos fornece conceitos para que possamos lidar com nossos corpos dramatúrgicos diaspóricos. O tempo espiralar é um deles. Na peça, percebo a sabedoria na direção de Marcio Meirelles, ele mesmo uma dessas potências (como é bonito ver um diretor saber canalizar o próprio talento em benefício da obra e não de si; alguém que, diante do encontro de potências, orienta e escuta, em vez de impor). A presença magnânima de Antônio Pitanga, como um quilombo, um aldeamento vivo, e sua não menos magnética linhagem composta por seus filhos, Rocco Pitanga e Camila Pitanga, nos oferecem uma visão da potência artística, do que ela é capaz de instaurar. Rocco, o Jovem Cidadão, como a personificação dos sonhos dos ancestrais, alguém com melhores condições de acesso, capaz de realizar transformações, mas que talvez nem saiba disso ainda. Camila, como a única voz feminina em cena, uma presença em vídeo, que eu interpreto como a voz de todas as mulheres, mas sobretudo das mulheres negras, indígenas, transgêneras, nos indicando caminhos possíveis que nos permitam inventar lugares para onde nossos descendentes possam retornar. Um lugar como este que Aldri inventa, com mãos de investigador, mente inquieta e sensibilidade apurada. Um lugar onde boas perguntas são feitas, sem espaço para dogmas, catequeses. Um lugar que convida, instaura autonomia. Onde o pensamento vem da coragem de agir com o coração. Talvez por isso eu tenha visto a peça duas vezes, em Belo Horizonte, como já citei, e em São Paulo, no Teatro Anchieta do Sesc Consolação. Que atravessemos as tormentas e possamos celebrar embarques imediatos como este. Bons ventos sobre nós!

DIONE CARLOS é atriz e dramaturga. Formada pela SP Escola de Teatro, atuou na Companhia Teatro Promíscuo. É autora de *Dramaturgias do Front* (Primata, 2017) e participa de *Dramaturgias Negras*, organizado por Eugênio Lima e Julio Ludemir (Funarte, 2019).

DO AUTOR
Identidade Suspensa

Identidade Difusa

EM *EMBARQUE IMEDIATO*, o tema abordado pelas personagens é a diáspora africana e suas implicações no mundo contemporâneo, por meio de uma situação dramática que narra o encontro de um jovem doutorando negro brasileiro com um senhor africano descendente dos agudás[1]. O jovem negro ocidentalizado (e brasileiro) defende a ideia de que a diáspora se articulou de modo a produzir positividades históricas aos descendentes de africanos espalhados pelo mundo; e o velho senhor descendente de agudás questiona essas supostas vantagens da diáspora transatlântica negra. Esse encontro-cena se dá na atmosfera impessoal de uma sala de segurança de um aeroporto internacional indefinido. Ambas as personagens se veem detidas em um espaço supostamente desterritorializado, por terem perdido seus documentos (passaportes e registros de identidade) durante uma conexão de voo. Confinados naquele espaço-cena, a situação convergente tenta dramaturgicamente organizar uma desordem (semântica) de identidade e faz com que as duas personagens tenham acesso mútuo a informações que irão mudar para sempre suas percepções de vida.

[1] Agudás são africanos ex-escravizados no Brasil que retornaram ao país de origem após alforrias e/ou libertações.

O encontro entre o jovem e o velho desenha-se de modo a extrapolar a ideia de embate intersubjetivo (conflito *hegeliano* entre duas subjetividades). Propõe-se, nesta situação dramática[2], mais um embate de forças coletivas do que de subjetividades encapsuladas. Intenta-se apresentar o coletivo travestido dramaturgicamente na unicidade do sujeito. O Jovem Cidadão e o Velho Cidadão, assim denominados nesta ficção, aglutinam respectivamente aspectos de uma multiplicidade cultural que os levam a ter na construção textual da personagem aspectos relacionados a um possível sujeito múltiplo, muito aproximado do conceito africano de *ubuntu*[3]. A personagem, ainda que identificada na unicidade da forma subjetiva, condensa em si diversas matizes, como um grande mosaico representativo de vozes múltiplas e de uma memória coletiva plasmada dramaturgicamente na unidade da personagem na cena. Convoca-se, nesta narrativa, a hipótese de que o sujeito diaspórico converge, na sua existência prática, uma diversidade cultural que une territórios distantes: o território ancestral e o território destinatário. Esse cruzamento referencial – ou encruzilhada referencial[4] – provoca na fala do sujeito (e da personagem desta ficção) um *efeito de duplicidade* ou *uma fala dupla*.

> Segundo Henry Louis Gates Jr. a tradição afro-americana é *double-voiced*, ou seja, é de dupla fala... de dupla voz. Tal

---

2   Baseada na minha tese de doutoramento, no Programa de Pós-Graduação em Artes Cênicas da UFBA sobre a dramaturgia do debate
3   *Ubuntu* é um conceito filosófico que teve origem nas línguas zulu e xhosa (línguas bantu), faladas pelos povos da África Subsaariana. A noção de *ubuntu* na África do Sul esteve ligada diretamente na luta contra o *apartheid*, inspirando o líder integracionista Nelson Mandela na sua política de criação do partido ANC (Congresso Nacional Africano). Constava, no manifesto de criação do partido, que "o africano quer o universo como um todo orgânico [...] no qual as partes individuais existem somente como aspectos da unidade universal".
4   Termo cunhado por Leda Maria Martins, mais precisamente na sua dissertação de mestrado, publicada sob o título *A Cena em Sombra*, São Paulo: Perspectiva, 1995.

duplicidade reflete-se não apenas na formulação de sentido, mas também na elaboração de formações discursivas e comportamentais de dupla referência que estabelecem em diferentes níveis um diálogo intertextual e intercultural... entre formas de expressão africana e ocidental.[5]

O texto ficcional *Embarque Imediato* precipita ainda mais essa *duplicidade de fala*, apontada por Martins e Gates Jr. A dramaturgia aqui apresentada se coloca no desafio de tensionar o lugar da *multiplicidade de fala* ao apresentar duas possibilidades de vivenciar aquilo que antropologicamente chamamos de negritude[6]. Para tanto, faço uso da ideia de *rastros* como ferramenta dramatúrgica. Este texto dramático requer a composição de personagens – Jovem Cidadão e Velho Cidadão –, convocando o conceito de *rastros* em Walter Benjamin. Os rastros aqui são utilizados como procedimento de criação cênica. Rastros que compõem a personagem, quebrando a ideia de sujeito único, ou do simples embate intersubjetivo proposto pelo alemão Hegel, e que expandem para a ideia de que quando assistimos a duas pessoas no ato de fala (da conversa), em verdade vemos duas forças em combate; duas "pontas de *iceberg*" de todo um corolário de enunciações. Como se as "datas de nascimento" não fossem o início, mas o meio de trajetórias de uma grande (e possível) subjetividade coletiva. Então, entendendo os rastros como a convocação da "presença de uma ausência, e a ausência de uma presença", como brinca a filósofa Jeanne Gagnebin, em nossa encenação-texto os rastros devem ser entendidos como substâncias de composição

---

[5] Ibidem, p. 54.
[6] Aqui podemos tomar de empréstimo o conceito apresentado por Lívio Sansone, segundo o qual etnicidade designa um conjunto de valores e comportamentos característicos de uma etnia, e racialidade designa os aspectos do fenótipo africano. Dentro do contexto dramático do texto *Embarque Imediato*, e na qualidade de dramaturgo, proponho pensar a negritude como uma confluência desses dois universos de fatores: etnicidade e racialidade.

das duas personagens do espetáculo *Embarque Imediato*, as quais denomino de sujeitos múltiplos.

Embarque Imediato faz parte da trilogia teatral iniciada pelo espetáculo *Namíbia, Não!*, montado em 2011 sob a direção cênica de Lázaro Ramos, e seguido pelo espetáculo *O Campo de Batalha*, montado em 2015 sob a direção cênica de Márcio Meirelles. Os espetáculos da trilogia não compõem um mesmo figural temático, mas têm em comum a linguagem articulada de uma possível dramaturgia do debate do sujeito múltiplo, impulsionada pelas teorias necropolíticas mbembianas[7]. Discussões referentes à relação do negro com a sociedade contemporânea e as reflexões sobre o pós-diaspórico, a pós--colonialidade e a polêmica decolonialidade têm se tornado urgentes não somente como mero artefato de "divã psicológico" para os cidadãos de melanina acentuada, mas antes para descoberta de soluções operativas de uma sociedade cada vez mais afetada pelas mobilidades voluntárias e involuntárias de povos em massa. Desde quando a mobilidade se tornou um fator valorativo no mundo capital, ela tem convocado uma reorganização cultural e social dos cidadãos "mundializados". Essa mundialização (e aqui não se deve confundir com o consumado conceito de globalização) muitas vezes prescinde dos deslocamentos físicos e acontece também na dinâmica estática da digitalização de redes sociais. Nesse contexto de mobilidade, tanto a analógica como a digital, a dinâmica da multiplicidade do sujeito é algo inevitável, e a intimidade deixou de ser um artefato palpável, dando lugar a uma possível *intimidade coletiva* ou mesmo à intimidade em comunidade. Ofertar ao público uma dramaturgia que traz para o debate da cena o conflito identitário do sujeito múltiplo e as consequências positivas e negativas dos trânsitos diaspóricos (analógicos e digitais) que produziram, e ainda produzem, identidades difusas se mostra

---

[7] Aquilo que tem inspiração nos pensamentos do filósofo camaronês Achille Mbembe.

oportuna se considerarmos a malha cultural na qual os povos de diversos blocos continentais têm se articulado.

Em resumo, é sobre tais assuntos que esta pequena "ilha de desordem" – como diria Heiner Müller – ou peça teatral ou texto dramático tenta se debruçar e debater cenicamente.

Identidade em Trânsito[8]

Por onde anda sua identidade? Em barcos? Em navios? Em aviões?
   Dizem que o reconhecimento de identidade está muito mais no rastreamento do seu trajeto que na sua origem. É a identidade em trânsito!
   Por quais caminhos passamos?
   O que fica em nós de cada lugar por onde transitamos?
   A identidade é definida pela ancestralidade? Pelo local onde nascemos? Ou pelo lugar onde estamos?
   Somos feitos daquilo por onde estivemos? Por onde estamos? Ou por onde estaremos?
   Essas perguntas não precisam de respostas. Precisam de atenção... atenção para a importância da liberdade de trânsito identitário.
   Em qual identidade me confinaram? Ou melhor... em qual identidade me encarceraram?
   Talvez o mesmo barco que me leva também pode me trazer de volta!
   E não há nada de errado nesse trânsito!
   Ou... será que há?

---

[8] Texto para o programa da temporada de maio de 2019 no Teatro Castro Alves, em Salvador.

Confinar... ou Encarcerar?[9]

Qual a diferença entre confinamento e encarceramento?
Que limite separa esses dois sentidos?
Estamos confinados ao nosso dia a dia?
Ou encarcerados em espaços físicos de concreto do nosso mundo real prático?
O confinar muitas vezes surge de forma invisível.
O encarcerar é palpável.
Podemos estar confinados sem perceber.
Mas quem está encarcerado não pode ignorar essa condição.
Encarceramento é sensível, perceptível e sufocante!
Confinados ainda respiramos.
Encarcerados, a respiração é refratária e difícil!
Confinados ainda podemos falsamente sorrir.
Encarcerados, o riso não faz morada.
No entanto, o debate reside em ambos os lugares... nas duas instâncias!
Tanto no confinamento como no encarceramento, o debate é livre!
Encarcerado ou confinado, o debate acontece!

Quando os Assuntos Deixam de Ser Privados[10]

Um dos grandes desafios do teatro é tornar do outro um assunto que é nosso. Para além da consciência de que somos um na multidão, entendemos que guardamos a multidão em

---

[9] Texto para o programa da temporada de novembro/dezembro de 2019 no Teatro Poeira, no Rio de Janeiro.
[10] Texto para o programa da temporada de fevereiro/março de 2020 no Teatro Anchieta, em São Paulo.

nós. *Embarque Imediato* sobrevoa esse desafio! Partiu de um fato real vivido por mim em uma sala de aeroporto. A diferença é que no encontro no mundo real prático, o diálogo entre mim (afro-brasileiro) e um africano (aquela eterna dúvida ocidental: de qual África falamos?) se deu no plano mágico do silêncio ocular... olhos que se conversavam. Nesta encenação, que é um exercício generoso de compartilhamento da experiência vivida pelo autor, transformamos o silêncio em palavras-enunciados que investigam a atualmente (tão) discutida identidade. O que seria ela? Nós a perdemos? Nós a encontramos? Esteve sempre conosco em nossos bolsos ocidentais? Quando eu reafirmo a minha identidade, eu excluo a do outro? E esse assunto lhe diz respeito como espectador?

Vivemos a eterna necessidade de tornar concreta a nossa identidade, ainda que esta seja fluxo vulnerável, transitório, itinerante! A identidade mobiliza-se, ainda que a confinemos em números, saberes, gêneros, palavras e territórios. Esse diálogo entre o Jovem Cidadão e o Velho Cidadão tenta dar uma pausa em nosso tempo ocidental para resgatarmos a fluidez saudável de nossa identidade, que se mantém em movimento contínuo de mudanças. Talvez essa perspectiva seja uma ferramenta que contemple o desafio teatral de tornar seu um assunto que é meu. Ou de tornar meu um assunto que é seu! O fato é que a identidade convoca a sua atenção, espectador-leitor, para que assim possamos entender que no fundo somos todos... um só!

E, nesse jogo cênico-identitário, gostaria de agradecer identidades convocadas para este drama-debate: Antonio Pitanga e seus oitenta anos de vida em movimento, Rocco Pitanga, Camila Pitanga, Márcio Meirelles, Fernanda Bezerra, Bárbara Barbará, Erick Saboya, Irma Vidal, Fernando Philbert, Rafael Grilo, Gabriel Franco, Heitor Dantas, Mônica Santana, Bia Sampaio, Gisele Machado e tantas outras identidades que ofertaram suas brilhantes habilidades para esse momento de pausa do nosso cotidiano... e de viagem confinada de nossas personagens.

E, afinal de contas, esse assunto é meu ou é seu?

Embarque Imediato

Personagens

JOVEM CIDADÃO: jovem brasileiro de 33 anos, de afrodescendência indeterminada e melanina acentuada.

VELHO CIDADÃO: senhor africano de oitenta anos, descendente de agudás e de melanina acentuada.

Personagens em Voz *Off*

VOZ DO AEROPORTO (Voz *Off* + Projeção em Vídeo)
VOZ DE BERTOLT BRECHT

Cena-Rastro 1

Sons de turbinas de um avião Boeing 737 invadem completamente o ambiente de uma sala de parede, piso e teto brancos. A sala não possui janelas. E isso reforça ainda mais a possibilidade de a pista de voo estar bem próxima da sala. Essa é a sala clean, *muito comum nos departamentos de segurança de grandes aeroportos internacionais.*

É nessa sala que são colocados cidadãos e cidadãs que apresentam alguma questão documental: passaportes vencidos, passaportes perdidos no trajeto do voo e/ou tentativas mal esclarecidas de ingresso em países estrangeiros. É uma sala impessoal, com poucos móveis e totalmente isenta de qualquer decoração que comunique valores culturais. Nela não está autorizado qualquer rastro identitário. É a sala clean.

Quando a sonoridade das turbinas de avião cede lugar ao silêncio, entra, por uma pesada e blindada porta de ferro, um jovem (33 anos) de melanina acentuada, trajando terno e gravata por debaixo de um longo casaco de frio europeu. O Jovem Cidadão está assustado. Aparentemente foi colocado naquela sala a contragosto. Mas é evidente que ele não ofereceu alguma resistência. Ele seguiu o protocolo de segurança do aeroporto internacional.

Por alguns instantes, o Jovem Cidadão observa atônito a límpida e bem climatizada sala clean. Com sua pequena maleta de viagem, senta-se resignado em um dos vazios e longos bancos que compõem a não expressiva e gélida sala impessoalizada.

Logo em seguida, a porta blindada abre-se novamente, provocando um leve susto no jovem cidadão. Ele se ajeita em prontidão... Talvez seja alguém do administrativo do aeroporto. Mas logo desanima ao perceber se tratar de um outro cidadão relativamente mais velho (oitenta anos), o qual chamaremos de Velho Cidadão.

O Velho Cidadão é um senhor de melanina acentuada, tal qual o Jovem Cidadão. O que o diferencia deste, além da idade, é o seu traje, que evidencia tratar-se de um cidadão africano. O Jovem Cidadão o observa com aquela eterna dúvida ocidental: de qual África?

Apesar da total divergência nas vestimentas e na idade, ambos os cidadãos são parecidos fisicamente. Poder-se-ia dizer que se tratava de pai e filho, caso estivessem com o mesmo estilo de roupa. Mas não era o caso.

Entreolham-se. Contemplam-se de forma constrangida, naquela aculturada sala de segurança do aeroporto. Eles são os únicos na sala clean. *Uma solidão a dois.*

Talvez apenas o som do ar-condicionado preencha o vazio sonoro daquele instante.

Ambos estranham mutuamente seus trajes, de forma simultânea e silenciosa.

JOVEM CIDADÃO: Também perdeu o passaporte no voo?

O Velho Cidadão estranha a pergunta do Jovem Cidadão. Reflete sobre o assunto. Começa a arrumar secretamente algumas coisas dentro da sacola que está em seu colo.

JOVEM CIDADÃO: Não compreende minha língua? *Do you prefer to speak in English? Français? Deutsch?*
VELHO CIDADÃO: Eu falo português! Não é minha língua natal, mas...
JOVEM CIDADÃO: Desculpe! Bom-dia!
VELHO CIDADÃO: Não posso retribuir o cumprimento. Não sei se é dia ou noite lá fora. Foi tudo muito rápido.
JOVEM CIDADÃO: Compreendo. (*Leve pausa.*) Comigo aconteceu o mesmo... eu não percebi.
VELHO CIDADÃO: Olá.
JOVEM CIDADÃO: Olá.

O Velho Cidadão senta-se.

Silêncio.

Os dois cidadãos percebem uma pequena mesa com uma garrafa d'água e um copo de vidro com água pela metade. O rastro-resto de água no copo evidencia que outras pessoas estiveram ali recentemente.

Ambos se mantêm sentados no mesmo lugar.

JOVEM CIDADÃO: O senhor fala bem o português! Aprendeu bem.
VELHO CIDADÃO: Obrigado. Mas eu não aprendi o português.
JOVEM CIDADÃO: Como assim?
VELHO CIDADÃO: Deixa pra lá.

O Velho Cidadão continua a ajustar coisas secretas em sua sacola.

VELHO CIDADÃO: Se quer saber... eu não perdi meu passaporte.
JOVEM CIDADÃO: Eu, além de ter perdido o passaporte, perdi minha identidade.

VELHO CIDADÃO: O quê?
JOVEM CIDADÃO: Identidade! Registro Geral! Um documento de registro que...
VELHO CIDADÃO: Eu sei do que se trata a identidade!
JOVEM CIDADÃO: É que você fez uma cara que deu a impressão de que você não me entendeu bem... ou não sabe do que estou falando.
VELHO CIDADÃO: Compreendo.
JOVEM CIDADÃO: Compreende o quê?
VELHO CIDADÃO: A minha expressão te atrapalha!
JOVEM CIDADÃO: Não! De forma alguma! O que eu quero dizer é que a sua expressão apenas...
VELHO CIDADÃO: Dificulta sua compreensão!
JOVEM CIDADÃO: Quem não está compreendendo nada aqui sou eu!
VELHO CIDADÃO: Completando a minha resposta... eu não perdi minha identidade. Ela ainda está comigo. A dificuldade de compreensão... é normal! Está tudo bem!
JOVEM CIDADÃO: Não acho que esteja tudo bem. Ficar nesta sala... assim preso...
VELHO CIDADÃO: Isso vai se resolver logo!

O Velho Cidadão volta a arrumar sua sacola.

JOVEM CIDADÃO: Se o senhor não perdeu seu passaporte... nem sua identidade... por que te colocaram aqui?
VELHO CIDADÃO: Ainda não sei.
JOVEM CIDADÃO: Não te explicaram?
VELHO CIDADÃO: Não!
JOVEM CIDADÃO: Estranho!
VELHO CIDADÃO: Estranho o quê?
JOVEM CIDADÃO: Normalmente eles dizem o porquê.
VELHO CIDADÃO: Pediram pra aguardar. Talvez algum problema com meu passaporte.

Sons de turbina de avião Boeing 737 irrompem o ambiente, sumindo logo em seguida. Os dois cidadãos olham na mesma direção, como que observando mais uma decolagem.
Silêncio.

JOVEM CIDADÃO: O senhor está viajando sozinho?
VELHO CIDADÃO: Sim. Você está acompanhado?
JOVEM CIDADÃO: De alguns colegas. A gente estava indo pra Alemanha... Munique... a trabalho.
VELHO CIDADÃO: Munique é uma cidade bonita!
JOVEM CIDADÃO: Conhece?
VELHO CIDADÃO: Sim.
JOVEM CIDADÃO: Meus colegas seguiram viagem. Eu irei depois.

O Velho Cidadão interrompe a arrumação da sua secreta sacola.

VELHO CIDADÃO: Depois que encontrar a sua identidade?
JOVEM CIDADÃO: Não! Depois que encontrar meu passaporte
VELHO CIDADÃO: Sim. Passaporte é mais importante em aeroportos!

O Velho Cidadão volta a arrumar sua sacola.

JOVEM CIDADÃO: É. Mas não seria nada mal se encontrasse os dois: meu passaporte e minha identidade! Terrível ter que tirar novamente! Muita burocracia... e tempo perdido!
VELHO CIDADÃO: Tempo perdido?
JOVEM CIDADÃO: Sim! Um sobe e desce terrível pra você ter essa documentação novamente. Devia ser que nem os cartões de créditos, né? Quando você perde o cartão de crédito, basta um telefonema! Você liga, bloqueia o cartão antigo. Dois dias depois, chega um novo em sua casa. Sem grandes burocracias! Tudo resolvido!
VELHO CIDADÃO: Fácil, né?
JOVEM CIDADÃO: Muito!
VELHO CIDADÃO: Você também perdeu seu cartão de crédito?

JOVEM CIDADÃO: Não! Deus me livre! Já pensou? Aí seria o fim! Você já perdeu alguma vez o seu cartão de crédito?

O Velho Cidadão olha para o Jovem Cidadão.

VELHO CIDADÃO: Não. Nunca perdi meu cartão de crédito... e nem a minha identidade.

Entreolham-se.

JOVEM CIDADÃO: O senhor já passou por isso alguma vez na vida?
VELHO CIDADÃO: Primeira vez. É realmente angustiante. Ficar aqui significa que, por hora, somos nada! Ninguém! É como se a gente não pertencesse a nenhum lugar. E não tivesse história alguma pra contar.

O Velho Cidadão olha para o Jovem Cidadão.

JOVEM CIDADÃO: Um trânsito... pelo vazio. Mas, de uma certa forma, eles estão com a razão.
VELHO CIDADÃO: Razão de quê?
JOVEM CIDADÃO: Se não temos esses documentos, como eles vão monitorar a segurança do lugar.
VELHO CIDADÃO: Segurança?
JOVEM CIDADÃO: Sim!
VELHO CIDADÃO: Você oferece algum perigo?
JOVEM CIDADÃO: Eu não!
VELHO CIDADÃO: Então!?
JOVEM CIDADÃO: Eu sei que não ofereço nenhum perigo pro aeroporto. Mas como eles vão saber disso?
VELHO CIDADÃO: É seu passaporte que iria garantir a segurança do local?
JOVEM CIDADÃO: Não a segurança. Mas... o passaporte garante pra eles quem eu sou! Sem o passaporte... eu não sou nada.
VELHO CIDADÃO: Ah, sim! Então agora você é nada? Não é você?
JOVEM CIDADÃO: Como assim?
VELHO CIDADÃO: Você acabou de me dizer que você é o passaporte.

JOVEM CIDADÃO: Mais um problema de compreensão! Olhe, por favor, me avise quando eu estiver falando rápido demais! Português é uma língua complicada mesmo.
VELHO CIDADÃO: Não... não... não! Não é questão de língua, rapaz! O que você disse foi bem claro: você, sem o passaporte, é nada!
JOVEM CIDADÃO: Deixa eu me explicar: sem o número do passaporte eles não podem checar meus dados... quem sou eu de verdade!
VELHO CIDADÃO: Mas é claro que podemos perceber quem você é.
JOVEM CIDADÃO: Não compreendo.

O Velho Cidadão volta a arrumar sua sacola secreta.

VELHO CIDADÃO: É uma grande besteira essa questão de documento! Bastava ele ter perguntado pra gente... que a gente falava quem a gente é[11].

O Jovem Cidadão começa a rir.

VELHO CIDADÃO: Você está rindo de quê?
JOVEM CIDADÃO: Você tem razão! Se me perguntassem, eu diria quem eu sou... e o que eu estou indo fazer em Munique.
VELHO CIDADÃO: O que você está indo fazer em Munique?
JOVEM CIDADÃO: Eu faço doutorado no Brasil. Defendo minha tese ano que vem. Estava indo pra Munique analisar documentos...
VELHO CIDADÃO: Documentos?
JOVEM CIDADÃO: E colher depoimentos sobre um dramaturgo alemão... Bertolt Brecht!
VELHO CIDADÃO: Mas sobre o que mesmo você está escrevendo?

---

11 Aqui uma referência aos *Orikís,* que são declamados ou cantados. Em algumas culturas africanas, essa é a forma de você se identificar para a sociedade (para o mundo). A fala (ou o *Orikís*) tem a importância oficial de identificação. Talvez o *Orikí* seja o equivalente ao nosso RG no mundo ocidental.

JOVEM CIDADÃO: Eu?
VELHO CIDADÃO: Só temos nós dois aqui... nesta sala!
JOVEM CIDADÃO: Você está perguntando da minha tese? Como eu lhe disse, é sobre Brecht. Bertolt Brecht! Ele escrevia peças de teatro, poemas... e teorizava sobre seu trabalho também.
VELHO CIDADÃO: E você já tem o passaporte dele?
JOVEM CIDADÃO: De quem?
VELHO CIDADÃO: Do senhor Brecht.
JOVEM CIDADÃO: Pra quê?
VELHO CIDADÃO: Sem o passaporte, talvez o senhor Brecht não seja nada!
JOVEM CIDADÃO: Eu não sei o número do passaporte de Bertolt Brecht!
VELHO CIDADÃO: Então procure saber!

Irritado, o Jovem Cidadão levanta-se e vai para o lado oposto da sala.

VELHO CIDADÃO: Desculpe se eu te irritei. Não foi minha intenção. Estamos presos nesta sala, aguardando os consulados darem um parecer sobre nossas identidades. Esperar que a embaixada diga quem nós somos... dá uma certa aflição. Sabe-se lá o que o diplomata vai falar de mim! Nenhum diplomata me conhece! Você conhece algum?
JOVEM CIDADÃO: Algum o quê?
VELHO CIDADÃO: Diplomata?
JOVEM CIDADÃO: Não! Não conheço!
VELHO CIDADÃO: Nem mesmo uma janela pra gente olhar a paisagem. Nem sabemos exatamente onde estamos! Embora a gente saiba pra onde quer ir... (*Pausa.*) Qual é mesmo o seu destino? Ah... você já disse... desculpa. Mas esqueci!
JOVEM CIDADÃO: Eu estava indo pra Munique... entrevistar algumas pessoas que tiveram a experiência de ter trabalhado com...
VELHO CIDADÃO: ...Brecht! Você falou com os policiais sobre sua pesquisa?

JOVEM CIDADÃO: O mais importante eu não tinha. Meu passaporte... minha identidade.
VELHO CIDADÃO: Sim... esses você perdeu.

Sons de turbinas de avião Boeing 737 alçando voo invadem completamente o ambiente, diluindo-se logo depois.

Os dois cidadãos olham mais uma vez na mesma direção, como que observando a decolagem ao longe e imaginando que mais um grupo de pessoas partiu.

Cena-Rastro 2

Uma vinheta sonora típica de aeroporto invade a sala clean.
O Jovem Cidadão e o Velho Cidadão ficam atentos. Percebem que irão receber informações do departamento de segurança do aeroporto.

VOZ DO AEROPORTO: Atenção, passageiros retidos na sala *clean* deste aeroporto internacional! Nos desculpamos pela demora dos procedimentos, mas informamos que estamos entrando em contato com seus respectivos consulados e embaixadas. Esse contato é pra avisar que os dados biométricos capturados, como digitais e retinas, dos cidadãos retidos em nossa unidade foram encaminhados para os setores de análise, reconhecimento e comprovação absoluta de suas identidades individualizadas. No momento, requisitamos a compreensão no sentido de aguardar a resposta dos devidos órgãos competentes para que, em seguida, os senhores possam dar prosseguimento ao trânsito livre de suas viagens. Pela atenção, obrigada!

Cena-Rastro 3

JOVEM CIDADÃO: Como assim? Este tempo todo, e eles ainda não entraram em contato com o consulado?
VELHO CIDADÃO: Acontece.
JOVEM CIDADÃO: Acontece?!
VELHO CIDADÃO: Nem sempre o tempo das coisas é como a gente percebe. Você me olha agora. Mas o que você está vendo é apenas um reflexo da luz sobre mim. Minha imagem é capturada pelos seus olhos! Até ser processada pelo cérebro, leva um tempo! Um tempo mínimo... mas é um tempo! Ou seja, o que você está olhando agora na verdade já é passado. O que você acha que é um presente absoluto... não passa de um passado recente.

O Jovem Cidadão começa a rir.

JOVEM CIDADÃO: Então o senhor não está aqui nessa sala? O senhor... está no passado?
VELHO CIDADÃO: Podemos dizer que sim! Enquanto o cérebro processa o passado, o presente prossegue furioso... derradeiro! Essa luz aqui (*Aponta para a luminária.*) apenas te ajuda a reconhecer o que de fato aconteceu lá atrás!

O Jovem Cidadão para subitamente de rir.

JOVEM CIDADÃO: Ok! Aonde o senhor quer chegar com isso?

O Velho Cidadão pega o copo d'água da mesa.

VELHO CIDADÃO: Este copo d'água... É evidente que alguém bebeu a metade e deixou o restante aqui. Consegue enxergar?
JOVEM CIDADÃO: E?
VELHO CIDADÃO: Podemos dar continuidade... e terminar de realizar o que alguém deixou no meio do caminho... no

meio do passado! Por exemplo, se eu beber este resto de água.

O Velho Cidadão bebe o resto de água do copo.

JOVEM CIDADÃO: Mas também podemos jogar a água fora. Lavar o copo. Encher novamente... e beber! Penso até que é mais higiênico.

O Velho Cidadão solta uma gargalhada.

VELHO CIDADÃO: Higiênico?! Cuidado com essas ideias de limpeza, hein!
JOVEM CIDADÃO: O quê?
VELHO CIDADÃO: Essas ideias de limpeza muitas vezes dão errado.
JOVEM CIDADÃO: Como?
VELHO CIDADÃO: Você sabe quem tinha deixado aquele resto de água no copo?
JOVEM CIDADÃO: Não.

O Jovem Cidadão vai para a mesa. Retira um pequeno spray de álcool do bolso. Aplica o álcool em um guardanapo e limpa obsessivamente o copo.

VELHO CIDADÃO: Então por que o receio?
JOVEM CIDADÃO: E por que o senhor tinha que completar aquilo que alguém deixou incompleto?[12]
VELHO CIDADÃO: Porque estou no presente!
JOVEM CIDADÃO: Mas o senhor acabou de dizer que todo presente é um passado! Que isso não passa de um reflexo de luz sobre o objeto!
VELHO CIDADÃO: Eu disse?
JOVEM CIDADÃO: Disse!

---

[12] Aqui começa a relação do assunto da pesquisa acadêmica do Jovem Cidadão com as questões de origem e autoria que surgirão mais adiante na cena-sonho da defesa do doutorado.

VELHO CIDADÃO: Ah... foi no passado!

O Velho Cidadão enche novamente o copo com água e bebe mais uma vez.

VELHO CIDADÃO: A sede sempre fala alto. (*Ri.*) Escuta, meu rapaz, o que está por trás disso tudo... é que ao verdadeiro presente a gente nunca tem acesso. Pois ele, em verdade, já passou!

JOVEM CIDADÃO: Espero então que o consulado tenha passado logo uma mensagem pro aeroporto. Eu preciso sair desta sala!

O Jovem Cidadão limpa novamente o copo com álcool. Enche o copo inteiro com água e começa a beber. Como a sede não era tanta, ele deixa um resto de água no copo.

VELHO CIDADÃO: Você vai deixar a metade da água no copo?

O Jovem Cidadão estranha a pergunta. Olha pro copo e o coloca no mesmo lugar onde estava. Com água pela metade.
Silêncio.

VELHO CIDADÃO: Como eles te pegaram no aeroporto?

Cena-Rastro 4

Em um golpe de lembrança, ambos os cidadãos ouvem as vozes-memória que irrompem no ambiente da sala clean.

JOVEM CIDADÃO (*off*): Tenho 33 anos...
VOZ DO AEROPORTO (*off*): Idade de Cristo!
JOVEM CIDADÃO (*off*): Não! Essa é minha idade mesmo.
VOZ DO AEROPORTO (*off*): Vai ficar quanto tempo na Europa?
JOVEM CIDADÃO (*off*): O necessário pra minha pesquisa de doutorado.

VOZ DO AEROPORTO (*off*): Você vai ficar hospedado na casa desse... senhor Bertolt Brecht?

O Jovem Cidadão sorri levemente.

JOVEM CIDADÃO (*off*): Seria um prazer! Mas a reserva do Airbnb está aí... do lado.

VOZ DO AEROPORTO (*off*): Falta o mais importante!

O Jovem Cidadão começa a procurar nos bolsos do longo casaco de frio europeu.

JOVEM CIDADÃO (*off*): O passaporte deve ter caído na conexão em Lisboa[13]. Vocês podem entrar em contato com o aeroporto de lá?

VOZ DO AEROPORTO (*off*): Já foram contatados! Mas vamos aguardar a resposta do consulado de seu país. Nesse tempo, você ficará numa sala... a sala *clean*!

JOVEM CIDADÃO (*off*): Onde?

VOZ DO AEROPORTO(*off*): Uma sala... onde ficam aqueles que perderam passaportes no trânsito de conexão de voo... além de outras situações fora do regimento de mobilidade nas fronteiras! Até seus dados serem confirmados, teremos que deixá-lo nesse lugar. (*Sorrindo.*) Tudo bem?

JOVEM CIDADÃO (*off*): Não!

VOZ DO AEROPORTO (*off*): Vou tentar te ajudar! Você ao menos está com a identidade? Se estiver com ela, ajuda nos trâmites com o consulado.

JOVEM CIDADÃO (*off*): Também não estou com a identidade!

VOZ DO AEROPORTO (*off*): Não se recorda onde deixou? Podemos ajudá-lo a encontrar. Não lembra se deixou em algum lugar específico? Num café? Bar? Restaurante? Lanchonete? No banheiro?

---

13 Atenção à escolha dessa cidade. Relação direta com o conto dos barcos senegaleses e navios ocidentais dragadores de peixes ao final desta dramaturgia, narrado pelo Velho Cidadão.

JOVEM CIDADÃO (*off, nervoso*): Não! Não lembro onde deixei a identidade! Mas certamente não foi no banheiro. Pessoas esquecem suas identidades no banheiro?
VOZ DO AEROPORTO (*off*): Não esquecem! Na maioria das vezes, elas perdem! É diferente!
JOVEM CIDADÃO (*off, resignado*): Verdade. No meu caso, acho que foi esquecimento mesmo. Eu não lembro.
VOZ DO AEROPORTO (*off*): Não sei o que é pior: esquecer ou perder a identidade!

O Jovem Cidadão tira o longo casaco de frio europeu e o coloca dobrado no braço, como que estranhando pela primeira vez o próprio casaco ocidental.

JOVEM CIDADÃO (*off*): A última vez que eu me lembro... é de ter colocado a identidade na carteira, ainda em casa.
VOZ DO AEROPORTO (*off*): Em casa?
JOVEM CIDADÃO (*off*): Em casa! Tinha acabado de sair do banho... e antes de me arrumar, resolvi colocar toda a documentação já preparada. Usei no aeroporto de origem... mas a partir dali, eu não me recordo mais de nada!
VOZ DO AEROPORTO (*off*): Qual o seu aeroporto de origem?
JOVEM CIDADÃO (*off*): O quê?
VOZ DO AEROPORTO (*off*): Qual a origem?
JOVEM CIDADÃO (*off*): Brasil... não consta aí?
VOZ DO AEROPORTO (*off*): Aqui consta uma outra origem! Um outro ponto de partida. Os dados não estão batendo!
JOVEM CIDADÃO (*off*): Aí consta qual aeroporto?
VOZ DO AEROPORTO (*off*): Bom, o senhor tem certeza que não deixou no banheiro do aeroporto?
JOVEM CIDADÃO (*off*): Já disse que não deixei minha identidade num banheiro de aeroporto!
VOZ DO AEROPORTO (*off*): Calma! Você disse que viaja tanto. Pode não estar recordando!

Leve pausa.

VOZ DO AEROPORTO (*off*): Lembra a data de expedição?
JOVEM CIDADÃO (*off*): Expedição?[14]
VOZ DO AEROPORTO (*off*): Quando sua identidade foi expedida?
JOVEM CIDADÃO (*off*): Ah! Essas coisas são difíceis de lembrar. A gente nunca lembra!
VOZ DO AEROPORTO (*off*): Ou esquece! A data de expedição a gente quase sempre esquece! E a do passaporte? Lembra a data que seu passaporte iria expirar?

O Jovem Cidadão responde que não com a cabeça.

VOZ DO AEROPORTO (*off*): Recomendo sempre saber a data de expiração desses documentos. Quando eles expiram sem você perceber, podem trazer sérios problemas!
JOVEM CIDADÃO (*off*): Pensando melhor... acho possível que já estivesse próximo de expirar.
VOZ DO AEROPORTO (*off*): O documento de identidade?
JOVEM CIDADÃO (*off*): O passaporte.
VOZ DO AEROPORTO (*off*): Sabe dizer se ela estava velha?
JOVEM CIDADÃO (*off*): A identidade?
VOZ DO AEROPORTO (*off*): Sim! Rasurada?
JOVEM CIDADÃO (*off*): Também não me recordo!
VOZ DO AEROPORTO (*off*): Faça um esforço!
JOVEM CIDADÃO (*off*): Ela estava com as arestas um pouco desgastadas, mas a minha foto era bem visível! Dava pra ver que era eu.
VOZ DO AEROPORTO (*off*): Você?
JOVEM CIDADÃO (*off*): Sim... a foto era minha!
VOZ DO AEROPORTO (*off*): E a numeração? Estava legível?
JOVEM CIDADÃO (*off*): 05 606 349 00.
VOZ DO AEROPORTO (*off*): Obrigada. Mas não adianta você ter na memória! Pelo menos aqui no aeroporto, precisamos

---

14 Referência às expedições coloniais, tanto aquelas compostas por pseudo-heróis desbravadores de terras alheias como aquelas expedições negreiras (navios com escravizados capturados em países africanos).

da sua identidade em mãos! Na ausência do passaporte, ela nos daria uma luz sobre quem você é.

JOVEM CIDADÃO (*off*): Acho que dava pra ver o número, sim! Sem rasuras!

VOZ DO AEROPORTO (*off*): Pelo que vejo, você não cuidava muito bem dela.

JOVEM CIDADÃO (OFF): Estava sempre comigo! No bolso! No fundo do meu bolso!

VOZ DO AEROPORTO (*off*): Vamos fazer o seguinte... aguardar o posicionamento do consulado. E quem sabe alguém encontre seu passaporte. E sua identidade.

O Jovem Cidadão tenta falar alguma coisa, mas é interrompido por súbitos sons de turbinas de avião, que se diluem logo em seguida, evidenciando mais uma vez a decolagem de um outro Boeing 737. Os dois cidadãos olham na mesma direção ao longe, como que observando mais uma partida de povos.

Cena-Rastro 5

O Velho Cidadão levanta-se e caminha pela gélida sala clean. *O Jovem Cidadão adormece sentado na desconfortável cadeira de aeroporto, em um cansaço menos físico que emocional. O Velho Cidadão para e observa o adormecido Jovem Cidadão.*

VELHO CIDADÃO: Ele cuidava da identidade, sim! E tenho pra mim que ele nem a tenha perdido. Talvez... ela esteja guardada em alguns desses bolsos do longo casaco europeu. Não sei pra que tantos bolsos naquela roupa de frio. Entendo que deva ser encorpada pra se proteger da baixa temperatura. Mas por que tantos pequenos espaços costurados numa mesma roupa? A gente acaba guardando miudezas ali... e esquecendo! Sempre achamos no bolso um cartão de visita... uma nota velha de dinheiro... uma anotação importante... um telefone... uma foto! Quem nunca se perdeu nesses pequenos espaços da roupa? Hoje, prefiro roupas com menos bolsos... menos buracos! Que nem esta aqui! (*Alisa a própria roupa sem bolsos.*). Em vez dos bolsos, prefiro janelas. O que não é o caso dessa sala *clean*! A memória às vezes trai a gente... e a gente esquece! Ele deve ter esquecido a identidade e o passaporte lá... nesses buracos. A identidade perdida nele mesmo?

O Jovem Cidadão ameaça acordar do sono encalhado em cadeira de aeroporto. O Velho Cidadão retorna então para sua cadeira.

Cena-Rastro 6

De repente, ouve-se um barulho ruidoso que vem de fora da sala clean. *O Jovem Cidadão acorda, e ambos se colocam em estado de alerta.*

O Velho Cidadão levanta-se e vai em direção à porta blindada, como que tentando abri-la.

JOVEM CIDADÃO: Não faça isso!
VELHO CIDADÃO: Por que não?
JOVEM CIDADÃO: Não se sabe o que está ocorrendo por trás dessa porta.
VELHO CIDADÃO: Lá fora estão os funcionários de segurança do aeroporto!
JOVEM CIDADÃO: Você tem certeza?
VELHO CIDADÃO: Você não?
JOVEM CIDADÃO: Não!

Estranhos barulhos atrás da porta.

JOVEM CIDADÃO: Quando eu entrei, tinha pessoas estranhas na porta.
VELHO CIDADÃO: Seguranças!
JOVEM CIDADÃO: Não pareciam seguranças.
VELHO CIDADÃO: Talvez outros cidadãos que estão sem passaportes? Sem identidades... que nem você!
JOVEM CIDADÃO: Eles estariam aqui com a gente, se estivessem sem os passaportes!
VELHO CIDADÃO: Você está com medo?
JOVEM CIDADÃO: Você não está?
VELHO CIDADÃO: Não. Por que eu estaria com medo? São apenas barulhos. Estamos num aeroporto!
JOVEM CIDADÃO: Mas estamos vulneráveis! E o senhor mais ainda!
VELHO CIDADÃO: "Eu", vulnerável? Por que eu "mais" vulnerável? Ah... bom! Entendi! Finalmente alguém me reconhece como velho!
JOVEM CIDADÃO: Não estou chamando o senhor de velho!
VELHO CIDADÃO: Está, sim! Obrigado! A chamada doença da juventude é algo que passa! Fique tranquilo! A cura está próxima!
JOVEM CIDADÃO: Estar mais vulnerável não significa estar mais velho!
VELHO CIDADÃO: Estar mais jovem não significa estar menos vulnerável! Fique tranquilo! Isso passa!
JOVEM CIDADÃO: O quê? Não entendi!
VELHO CIDADÃO: O tempo... você vai entender!

Barulhos se intensificam fora da sala clean.

JOVEM CIDADÃO: Nas condições em que a gente está... a fragilidade não tem idade!
VELHO CIDADÃO: Mas eu tenho a minha idade! Vamos, rapaz, o que você quer dizer com vulnerabilidade?!
JOVEM CIDADÃO: É que eu acho que talvez o senhor esteja aqui por causa...

O Jovem Cidadão aponta o dedo para a roupa do Velho Cidadão.

VELHO CIDADÃO: Então você está se referindo à minha roupa? Está julgando minha roupa sem bolsos?! Eu tenho oitenta anos... e não perdi meus assuntos nos bolsos! Eu não preciso de bolsos!

JOVEM CIDADÃO: Também não é isso! Mas o senhor sabe o que eu quero dizer!

VELHO CIDADÃO: Não. Não sei!

JOVEM CIDADÃO: Não sou eu! São eles! O senhor sabe as condições em que a gente vive hoje em dia. Tudo é motivo pra suspeitar de tudo!

VELHO CIDADÃO: Você está me dizendo que eu não deveria viajar desse jeito? Que todos me olham?

JOVEM CIDADÃO: Precisamos nos proteger! Quanto mais a gente se parecer um com o outro... melhor!

VELHO CIDADÃO: Quem se parecer com quem? Não entendo o que diz!

JOVEM CIDADÃO: Ah... claro que entende! Estamos falando a mesma língua! O senhor sabe que as pessoas se aproximaram demais. Brigamos tanto pra derrubar os muros... mas agora que os muros caíram, as pessoas não estão gostando do que encontram do outro lado! E querem levantar novamente muros caídos! Estou falando isso pro seu bem!

VELHO CIDADÃO: Então "pro meu bem" seria melhor estar como você? Jovem e vestido como você?!

JOVEM CIDADÃO: Não exatamente!

VELHO CIDADÃO: Ah... então você não está vestido "de você". Você está disfarçado? É isso? Você está propondo um disfarce pra evitar os olhares que te tornam diferente?!! É isso, jovem?

JOVEM CIDADÃO: Não estou disfarçado! Eu sou assim em qualquer lugar! Estou dizendo que, quando a gente cruza as fronteiras, precisa pensar em algumas estratégias... pra evitar mal-entendidos!

VELHO CIDADÃO: Mas qual o mal-entendido aqui? Se você está vestido do que você é... e eu estou vestido do que eu sou, então não existe mal-entendido! A não ser que você pense que eu seja algo que eu não sou... ou que eu pense que você seja algo que você não é!
JOVEM CIDADÃO: Eu sou o que eu sou! E o senhor é o que o senhor é! Não há questão sobre isso!
VELHO CIDADÃO: Você acredita mesmo nisso?!

Nesse momento, um golpe de lembrança irrompe no Jovem Cidadão.

Cena-Rastro 7

O golpe de lembrança do Jovem Cidadão fantasticamente vem acompanhado de sons radiofônicos: músicas, anúncios, locuções, vinhetas.

JOVEM CIDADÃO: Tenho 33 anos.
Eu acordo sempre às seis da manhã.
Vou pra cozinha. Deixo a cafeteira preparando o café.
Retorno pro quarto pra separar roupas que vou usar no dia.
Vou ao banheiro.
Tiro o pijama.
Tomo uma ducha quente.
Saio do boxe.
Me enxugo.
Faço a barba.
Me barbeando diariamente, reparo os traços do meu rosto.
Aplico o creme hidratante, com o cuidado de hidratar também o pescoço, que envelhece mais rápido que as outras partes do corpo. As extremidades do corpo estão mais distantes da grande caixa d'água, que é essa região central da nossa barriga. E por isso mais ressecadas. As extremidades são mais desidratadas. Os extremos!

Escovo os dentes.
Saio do banheiro.
Visto a roupa que separei antes.
Vou direto pra cozinha desligar a cafeteira.
Coloco um sanduíche na sanduicheira.
Bebo um copo d'água.
Como o sanduíche quente.
Bebo finalmente o café.
E penso.
E como o sanduíche.
E penso.
E como.
E penso novamente.
E como mais uma vez.
Termino de comer.
Limpo o canto da boca.
Vou pra escrivaninha.
Pego um livro.
Pego um outro livro.
Pego meu *notebook*!
Meu *tablet*. Pra que servem os *tablets*?
Minha carteira.
Minha chave.
Desço o elevador.
Abro o portão.
Caminho até o metrô.
E leio os letreiros da cidade.
Leio.
Os letreiros da cidade.
Os letreiros.
Da cidade.
E leio mais letreiros.
A cidade.
Leio a cidade.

Leio a cidade inteira.
Chego na faculdade.
E leio mais.
Agora livros.
Muitos livros.
E falo.
E apresento o seminário.
E falo de Brecht.
Bertolt Brecht.
E ouço os comentários.
Os comentários são ouvidos.
Por que não Achille Mbembe?
Por que não Leda Maria Martins?
Por que não Lélia Gonzales?
Por que não Du Bois?
Por que não Makota Valdina?
Por que não Gates Jr.?
Por que não Frantz Fanon?
Eu encerro o seminário!
Eu almoço.
Encontro colegas na biblioteca.
E troco olhares.
E me comunico.
Bebo água novamente.
Bebo.
Água.
Encho a minha caixa central!
E pego novamente o metrô.
E leio novamente os letreiros da cidade.
Os letreiros.
A cidade.
Eu leio a cidade.
Eu olho as pessoas da cidade.
E olho as identidades da cidade.

E olho identidades!
E olho as encruzilhadas da cidade!
E olho as mensagens!
WhatsApp! Telegram! Twitter! Insta!
Chego na frente do prédio.
Pego a chave.
Chamo o elevador.
Entro em casa.
Ligo a TV a cabo. *Streaming*.
Ligo o *notebook*.
Escrevo. E escrevo.
E mando mensagens *inbox*.
E-mail.
Netflix.
Atlanta.
This is America!
Nós!
Dear White People.
Assisto *Medida Provisória*.
Eu lembro do livro Namíbia, Não!
E assisto novamente *Pantera Negra* da Marvel.
Percebo que o vilão do filme nasceu em Oakland.
O movimento *Black Panther* também nasceu em Oakland.
Como assim?!
Adormeço.
E acordo novamente no dia seguinte.
E faço tudo isso novamente.
Tudo.
Novamente.

De repente, desfaz-se o golpe de lembrança do Jovem Cidadão. Ele então olha para o lado e encontra o Velho Cidadão, que o observa atentamente.

Barulhos estranhos vindos de fora da sala clean *voltam a dominar o ambiente.*

Cena-Rastro 8

JOVEM CIDADÃO: Talvez o mal-entendido tenha acontecido lá atrás!
VELHO CIDADÃO: Como assim?!
JOVEM CIDADÃO (*impaciente*): Mais uma vez o senhor entende o que estou dizendo e ainda pergunta "como assim?". Vamos parar de dissimular? Fomos ajustados a falar a mesma língua!
VELHO CIDADÃO: Quem ajustou? E eu não estou dissimulando! Apenas lhe dando uma chance de repensar tudo o que você disse até hoje!
JOVEM CIDADÃO: Obrigado! Mas eu não preciso de uma nova chance! Meu pensamento já está concluído.
VELHO CIDADÃO: O meu não está!

Ruídos lá fora da sala clean *continuam intensamente.*

VELHO CIDADÃO: Com certeza! O mal-entendido aconteceu com toda aquela confusão que fizeram na África!
JOVEM CIDADÃO: Onde?
VELHO CIDADÃO: Na África!
JOVEM CIDADÃO: Eu não estou falando de África! Eu sou ocidental!
VELHO CIDADÃO: Todo aquele deslocamento de gente!
JOVEM CIDADÃO: O quê?
VELHO CIDADÃO: A diáspora separou a juventude da velhice! Não se pode fazer essa separação!
JOVEM CIDADÃO: Que separação?
VELHO CIDADÃO: Até aquele momento, o jovem e o velho eram uma coisa só! A diáspora criou a juventude

ocidental! E acabou criando pessoas como você! Um rei que não sabe comandar o seu próprio reino!

JOVEM CIDADÃO: Você não pode falar isso!

VELHO CIDADÃO: Claro que posso... não aconteceu o retorno!

JOVEM CIDADÃO: Que retorno?

VELHO CIDADÃO: Vocês não retornaram! Esse foi o grande problema. Vocês, da diáspora, não tiveram recursos pra travessia de retorno. A falta de contato criou esse clima de desorientação! Vocês ficaram encurralados na diáspora... e não se atualizaram!

JOVEM CIDADÃO: O senhor está dizendo que o negro e a negra das Américas são aplicativos desatualizados? É isso?

VELHO CIDADÃO: Não quero comandar o seu navio de entendimento! Mas vou tentar te explicar! Os brancos daí também são diaspóricos... deslocados! Mas as circunstâncias favoráveis permitiram o constante retorno à sua Europa... e isso até hoje! Um trânsito de idas e vindas que atualizaram lugares necessários! Raramente conseguimos ver um negro das Américas que retorne ao menos pra visitar a África. Você, por exemplo, está indo pra Europa... pra conversar com o senhor Brecht! Se isso te faz concluir que o negro inventado pelo Ocidente é que nem um aplicativo de celular sem atualização... eu não posso discordar de você!

Barulhos vindos de fora da sala clean *aumentam ainda mais.*

JOVEM CIDADÃO: Não foram dadas condições de retorno! E a saída de lá teve suas vantagens. A gente transformou a situação... e se espalhou pelo mundo! A gente se atualizou com o que tinha à mão!

VELHO CIDADÃO: Ah... sim! Um cruzeiro no Atlântico... sem precisar pagar pelo passeio! Deve ter sido divertida essa travessia!

JOVEM CIDADÃO: Se não fosse essa travessia, estaríamos todos na África ainda...

VELHO CIDADÃO: E qual o problema, se vocês não tivessem saído da África?

JOVEM CIDADÃO: Aproveitamos a dinâmica!

VELHO CIDADÃO: Separaram a juventude da velhice! Não se pode fazer essa separação!

JOVEM CIDADÃO: Perceba que nós conseguimos reverter o quadro... transformando essa travessia em um sucesso! Basta o senhor voltar os olhos pra América... e o senhor vai ver! Apesar das mortes e genocídios, onde o senhor consegue enxergar o povo negro rico no mundo, hein? Nas Américas!

VELHO CIDADÃO: Então você está me dizendo que as mortes e genocídios do povo negro são o preço do seu sucesso?

JOVEM CIDADÃO *(falando alto)*: O senhor não quer admitir que a diáspora foi um sucesso! Admita! Estamos em um momento de "Oprah's effect"! Repare nos feitos da Oprah Winfrey! A diáspora foi um sucesso!

VELHO CIDADÃO: Sucesso?!

JOVEM CIDADÃO: Não diga que o senhor nunca percebeu o sucesso que fizemos na América? Na música, na medicina... diversas áreas! Impossível evitar o reconhecimento dessas conquistas. Dessa transformação!

VELHO CIDADÃO: Você está dizendo que ficamos pra trás! É isso?

JOVEM CIDADÃO: Agora sou eu quem não quero comandar o seu navio de entendimento!

VELHO CIDADÃO: E se vocês tivessem permanecido em terras africanas? E se a tal Oprah Winfrey tivesse nascido em Gana, hein? Empregado todo o seu talento por lá? Será que não seríamos o continente mais bem-sucedido da Terra?

JOVEM CIDADÃO: A nossa diferença nos faz grandes fora da África! Ser diaspóricos nos faz grandes!!!!
VELHO CIDADÃO: Vocês caíram naquele conto!
JOVEM CIDADÃO: Que conto?
VELHO CIDADÃO: Esse sucesso de vocês é de mentira! É como uma loja que aumenta em 20% o preço dos produtos e depois oferece um desconto de 20% na venda! Parece que você ganha... mas no fundo você paga o mesmo preço! Uma espécie de *black friday étnico*! Vocês estão pagando o preço com a morte de vocês! Pagando com oitenta tiros! Vocês mal conseguem respirar! Estão morrendo de asfixia! Nem deixar os cabelos crescerem é permitido! Vocês estão pagando o preço! Abra o olho!

Sons estranhos intensificam-se ao máximo e de repente somem, instalando um silêncio constrangedor.

JOVEM CIDADÃO: Cadê a água? Estou com sede! Preciso de água!

O Jovem Cidadão bebe o resto de água no copo. Enche o copo mais uma vez e bebe somente a metade. Logo após, coloca o copo com água pela metade no mesmo lugar de antes. Estranhamente, o Jovem Cidadão sente dificuldade de respirar. Senta-se e adormece na incômoda cadeira de aeroporto da sala clean.

Cena-Rastro 9

O Velho Cidadão observa o Jovem Cidadão dormindo na cadeira.

VELHO CIDADÃO: Sou nascido na África, mas sou descendente dos agudás, escravizados no Brasil que retornaram ao continente de origem. No retorno, a gente foi considerado diferente dos outros africanos! Aquele retorno não foi fácil! Era como se a gente fosse africano genérico. A ferida da escravização de alguma forma transformou a gente... e, ao retornar, passamos a ser "os diferentes". A escravização exigiu uma técnica de sobrevivência na diáspora... no lado de lá! Somente depois que minha geração de irmãos reestabeleceu uma conexão com Uidá, é que tudo se ajustou! Agora... encontrar esse rapaz, um jovem brasileiro neste aeroporto, me faz revisitar toda essa história. Se a identidade étnica é construída a partir do contraste, a nossa diferença é o fato de ele fazer parte dos não retornados... e eu dos retornados! E o que ele está fazendo aqui? Comigo nesta sala? Que conexão é essa que está sendo feita? Às vezes eu acho que rastrear a identidade, após aquela confusão histórica da travessia atlântica, não é mais buscar o ponto estático de partida, de origem. Os rastros de identidade talvez estejam espalhados na travessia que nós fizemos... e que nos fizeram fazer! A diáspora inaugurou um novo tipo de identidade... a identidade em trânsito! Como que cortada pelo singrar de navios em águas oceânicas. Que identidade está sendo rastreada aqui agora... nesta sala de conexão de um aeroporto internacional?

O Velho Cidadão espalma a própria mão. E vira-se de costas para o adormecido Jovem Cidadão.

VELHO CIDADÃO: Aqui reside o nosso conflito! Pois a mesma coisa que nos une... nos separa!

Quando o Velho Cidadão olha para a cadeira, surpreendentemente o Jovem Cidadão não está mais lá. Ele sumiu.

Cena-Rastro 10

O Jovem Cidadão surge então atônito, vindo do banheiro.

JOVEM CIDADÃO: Tudo acabado! Não consigo enxergar mais nada lá fora!

VELHO CIDADÃO: Por onde você olhou?
JOVEM CIDADÃO: Era possível ver a pista de voo através do basculante do banheiro. Mas agora não se vê mais nada!
VELHO CIDADÃO: A pista deve estar com muita neblina! Além de tudo, é noite. Por isso você não enxerga nada!
JOVEM CIDADÃO: Não é noite!
VELHO CIDADÃO: Claro que é. Mas sabe-se lá que referência de tempo é a sua!
JOVEM CIDADÃO: Minha referência de tempo é igual a sua!
VELHO CIDADÃO: É o que você pensa! Nossos tempos não são os mesmos!
JOVEM CIDADÃO: Você vai insistir nessa diferença?
VELHO CIDADÃO: Desculpa, mas é que às vezes você diz coisas com um ar de confiança tradicional.
JOVEM CIDADÃO: O senhor não valoriza a tradição?
VELHO CIDADÃO: Eu disse tradicional... não tradição! É bem diferente. E, por outro lado, acho que seria bom você se questionar se o que lhe vendem como tradição não passa de uma forma de lhe submeterem coisas!
JOVEM CIDADÃO: O quê?
VELHO CIDADÃO: Ah... esquece o que eu disse mais uma vez! O fato é que é impossível que tudo tenha acabado.
JOVEM CIDADÃO: Então por que você mesmo não vai lá observar através do basculante do banheiro? Tem um deserto explodido lá fora!

O Velho Cidadão solta uma gostosa gargalhada.

JOVEM CIDADÃO: Você está rindo de quê?
VELHO CIDADÃO: Então é através desses canais que você observa o mundo? Os basculantes?!
JOVEM CIDADÃO: No momento, é o único canal de observação que eu tenho!
VELHO CIDADÃO: Será?
JOVEM CIDADÃO: Por favor, vá lá no basculante observar o mundo!

VELHO CIDADÃO: Não, não! Desculpa... mas não vou observar o mundo através do seu basculante! Esse canal é seu!

O Jovem Cidadão caminha agitado em direção à porta blindada e grita para ver se alguém ouve no aeroporto.

JOVEM CIDADÃO: Tem alguém vivo aí fora? Por favor, nos ajude! Tem pessoas aqui dentro!

VELHO CIDADÃO: De um certo modo, eu admiro os seus meios!

JOVEM CIDADÃO: Como assim?

VELHO CIDADÃO: Você faz uso do grito! Isso pode espantar coisa ruins.

JOVEM CIDADÃO: Pelo menos algo em comum entre a gente!

VELHO CIDADÃO: Mas o grito também espanta coisas boas! Não seria melhor você falar um pouco mais baixo? Talvez assim alguém te ouça lá fora.

JOVEM CIDADÃO: Mas com essa porta blindada... o ideal é gritar!

VELHO CIDADÃO: Verdade! Pelo que vejo você vai falar baixo somente durante a sua defesa de doutorado!

JOVEM CIDADÃO: Não cabe grito na defesa de doutoramento da universidade. Isso incomodaria a banca acadêmica!

VELHO CIDADÃO: A banca! Ela é muito importante! É ela quem vai dizer se você se ajustou ao tradicional... ou não!

JOVEM CIDADÃO: Ao tradicional? Isso não é hora de discutir a minha defesa de doutorado! Temos que abrir essa porta! Parece que tudo lá fora se foi!

O agitado Jovem Cidadão continua tateando investigativamente a porta blindada.

VELHO CIDADÃO: Sobre o que é mesmo a sua tese?

JOVEM CIDADÃO: Isso eu já lhe disse!!!

VELHO CIDADÃO: Sim, você já me disse! Mas... sobre o que ela é mesmo?

O Jovem Cidadão interrompe a angustiante e fracassada tentativa de abrir a porta blindada da sala clean.

JOVEM CIDADÃO: Isso é uma arguição de banca?

VEHO CIDADÃO: Me fale das tradições às quais você foi submetido. Me fale!

Em mais um golpe de lembrança (ou golpe de visagem), o Jovem Cidadão devaneia, sentando-se na cadeira. Inicia fantasticamente a sua defesa de doutoramento, sob o olhar tranquilo do Velho Cidadão, numa constituição espiralar do tempo.

JOVEM CIDADÃO: Bom dia a todos! Desculpa, mas não consigo enxergar a banca por causa da luz.

VOZ DE BRECHT (*off*): É dessa forma que se dará a arguição dessa banca da sua defesa de tese. Com muita luz!

JOVEM CIDADÃO: Mas eu preciso saber com quem estou falando! Essa voz assim... O senhor faz parte da banca?

VOZ DE BRECHT (*off*): Digamos que sim.

JOVEM CIDADÃO: Quem é você?!

VOZ DE BRECHT (*off*): Eu sou Brecht! Mais precisamente, a Voz de Brecht. Ou, se preferir... eu sou o tema! Sua tese, seu objeto de pesquisa da universidade!

O Jovem Cidadão se assusta.

VOZ DE BRECHT (*off*): Então... você defende a hipótese de que eu não consegui produzir um teatro que estimule o debate imparcial sobre questões sociais e políticas?

JOVEM CIDADÃO: Não! Não defendo isso! De jeito nenhum! Apenas suponho que, em alguns de seus livros, o senhor fez uso de condução coercitiva do leitor... e do espectador!

VOZ DE BRECHT (*off*): E quem lhe disse que eu não queria que isso acontecesse?

JOVEM CIDADÃO: Veja bem, senhor Brecht, no seu livro *Pequeno Organon*, você escreve...

VOZ DE BRECHT (*off*): Vai usar o que eu disse contra mim?

Em um lapso de silêncio, o Velho Cidadão aguarda atentamente a resposta do Jovem Cidadão.

JOVEM CIDADÃO: Senhor Brecht, o senhor não disse! O senhor escreveu!

VOZ DE BRECHT (*off*): Está atribuindo questões a mim... que talvez não sejam minhas?!

JOVEM CIDADÃO: Mas estão escritas!

VOZ DE BRECHT (*off*): Sim... e nos escritos eu assumo que fui influenciado pelos orientais!

O Velho Cidadão, que até então assistia imparcial ao devaneio acadêmico do Jovem Cidadão, resolve contribuir com o golpe de visagem de um tempo espiralado[15].

VELHO CIDADÃO: Senhor Brecht... o seu trabalho não teria também influências africanas? Dos *contos-dilema da África*? Apenas uma hipótese!

JOVEM CIDADÃO (*para o Velho Cidadão*): Você também faz parte da minha banca de defesa? Veja bem: as perguntas devem ser dirigidas a mim. Eu que estou defendendo a tese de doutorado! Brecht é apenas um tema!!!

VELHO CIDADÃO: Um tema aparente!

JOVEM CIDADÃO: Aparente?

VOZ DE BRECHT (*off*): Eu já assumi que pesquei muita coisa da cultura oriental... mas não pesquei nada da África! Não tive acesso à África. Tem um engano aí!

JOVEM CIDADÃO: Senhor Brecht, não falei de influências africanas no seu trabalho alemão. É ele, meu colega da sala *clean*, quem está levantando essa suspeita!

VELHO CIDADÃO: Por favor, respeite as interferências desta banca! Senhor Brecht, você não teve acesso à África, mas seu país teve. Inclusive fatias da partilha... e definição dos limites de países por lá, feita pela Europa, quando já existiam limites étnicos constituídos!

---

15 Referência ao conceito de tempo espiralar, cunhado por Leda Maria Martins em capítulo intitulado "Performances do Tempo Espiralar".Ver *Perfomance, Exílio, Fronteiras*, Belo Horizonte: Editora da UFMG, 2002, p. 69.

VOZ DE BRECHT (*off*): E que sala *clean* é essa?
JOVEM CIDADÃO: Essa sala... esse confinamento não tem nada a ver com minha tese!
VELHO CIDADÃO: Você tem certeza de que não existe uma relação da tese com esse nosso encarceramento aqui, em uma sala de segurança de aeroporto?
VOZ DE BRECHT (*off*): Vocês foram confinados... ou se confinaram? Já analisaram essa questão? Percebem o dilema-tese?
JOVEM CIDADÃO: A minha tese de doutorado não tem nada a ver com encarceramento ou confinamento! Aliás, qual a diferença entre um e outro? Está havendo uma análise errada da minha pesquisa!
VOZ DE BRECHT (*off*): É claro que meu colega de banca está certo. Sua tese me desafia. Mas tem algo nela que você não percebe! Embora você leve em conta que o que eu escrevi não me pertence, o mais importante é que não só o que escrevi, mas muito mais do que tenho, não me pertence! A questão que está no meu trabalho, e talvez esteja nessa obra da qual fazemos parte, é a da distribuição justa dos bens... da história... da cultura... dos recursos do mundo!
VELHO CIDADÃO: Sua tese fala da relevância das origens, não é? (*Rindo.*) É isso? Seria mesmo essa a pergunta? Ou a pergunta seria sobre tudo o que vocês, ocidentais, controlam e não lhes pertence? Veja bem: o que pescam... os peixes... os barcos... os navios... as pessoas... de onde vêm? Quem tem o direito? Como se distribui o que há? Não percebe isso em sua tese, jovem?
VOZ DE BRECHT (*off*): Eu poderia ter escrito uma peça só com essa questão...
JOVEM CIDADÃO: Pessoas... navios... barcos... e peixes? Na minha tese? Como assim?
VOZ DE BRECHT (*off*): Eu ainda vou escrever uma peça sobre isso aqui! O que eu estou fazendo... aqui?

Em mais um golpe de lembrança temporalmente espiralada, o Jovem Cidadão altera-se bruscamente na cadeira dura do aeroporto internacional.

JOVEM CIDADÃO: Cadê a água? Estou com sede! Preciso de água!
VELHO CIDADÃO: Água acabou.

O Jovem Cidadão observa incrédulo a jarra de água vazia. O copo ainda tem água pela metade, mas ele se recusa a beber o resto.

VELHO CIDADÃO: Outras pessoas beberam. Não a gente! O mundo inteiro bebeu! Menos você! Mas não se preocupe! Eles sabem onde tem mais água! Exatamente! E aqui eu trago a fábula africana da fonte da água: em um certo momento, faltou água em uma grande região africana. Mas ainda existia uma pequena fonte restando. Então as pessoas pegavam a água dessa pequena fonte e distribuíam em vasos para diversas comunidades! A distribuição foi aumentando... e passou a ser em larga escala, a ponto de ninguém mais saber de que fonte vinha aquela água! As pessoas então creditavam a origem daquela água àqueles que apenas traziam o vaso com água. É o Ocidente em vasos d'água! Creditam a fonte àquele que usou por último! Exatamente isso!
JOVEM CIDADÃO: Exatamente? Como assim? Eu exijo que baixem a luz e me mostrem quem é que está aí por trás dessa banca de doutorado! Senhor Brecht, por favor se apresente... afinal de contas, isso aqui é minha defesa de tese! Quatro anos de trabalhos e pesquisa... exijo os meus créditos! Por favor, exijo os meus créditos!

O Velho Cidadão solta uma gargalhada.

VOZ DE BRECHT (*off*): Vou escrever uma peça sobre isso....

Ruído forte. Em mais um golpe de tempo espiralado, o Jovem Cidadão encontra-se em um sono agitado na cadeira dura do aeroporto internacional.

Cena-Rastro 11

De repente, como que despertando do emaranhado tempo espiralar, o Jovem Cidadão levante-se em alerta da cadeira do aeroporto sob o olhar atento do Velho Cidadão.

JOVEM CIDADÃO: Cadê? Cadê?
VELHO CIDADÃO: Algum problema, meu jovem?
JOVEM CIDADÃO: Cadê o senhor Brecht?! Bertolt Brecht! Cadê?
VELHO CIDADÃO: Quem? Você teve um pesadelo!
JOVEM CIDADÃO: E lá fora? Tudo acabou?
VELHO CIDADÃO: Como assim acabou?

Um som de turbina de avião Boeing 737 invade o ambiente, sumindo logo em seguida. Ambos os cidadãos olham ao longe como que vendo povos em voo de partida.

JOVEM CIDADÃO: O basculante!
VELHO CIDADÃO: Nada acabou! Você teve um pesadelo...
    Continuamos retidos na sala *clean* até você recuperar sua identidade... e passaporte! Sinto muito. Mas nada acabou!

O Velho Cidadão e o Jovem Cidadão sentam-se finalmente frente a frente. Como que pela primeira vez, o Jovem Cidadão percebe no olhar do Velho Cidadão toda a eternidade do mundo. Nesse exato instante, o velho canta aos olhos do jovem uma canção ocidental.

VELHO CIDADÃO (*canta*)[16]:
    Do rio que tudo arrasta
    se diz que é violento.
    Mas ninguém diz violentas
    as margens que o comprimem.

    Do rio que tudo arrasta
    se diz que é violento.

---

16 Esta é uma canção original de Bertolt Brecht.

*Mas ninguém diz violentas
as margens que o comprimem.*

Cena-Rastro 12

O depoimento do Jovem Cidadão é acompanhado de muitas imagens, como um caleidoscópio de cenas inalteráveis, irreversíveis, que contam a história do desastre da civilização ocidental: a impossibilidade de uma construção equilibrada e compartilhada pela sabedoria ocidental e africana.

JOVEM CIDADÃO: O passado é estático... inalterável! Nada vai mudar, por exemplo, o que eu senti muito tempo atrás, quando ainda alimentava o sonho de ser músico. Meu sonho! Meu desejo genuíno! Mas algo se desviou... e me fez assumir caminhos diferentes! Outras estradas. Outros mares. Outros voos!

Mas nada vai alterar o dia em que me senti feliz com a primeira aula de violão!

Nada vai alterar o dia em que naus europeias invadiram o continente africano, atrás de ouro e escravos.

Nada vai alterar o dia em que Emmett Louis Till foi assassinado aos quatorze anos de idade, em 1955, no Mississipi, depois de supostamente assobiar para uma mulher branca, que confessou tratar-se de uma mentira sessenta anos depois.

Nada vai alterar o dia em que a França ocupou o território do Senegal, em 1624, a fim de garantir o fornecimento de escravos para suas colônias no Caribe.

Nada vai alterar o dia em que 111 detentos foram mortos no massacre do Carandiru.

Nada vai alterar o dia em que, no ano de 1537, Roma abençoou a decisão da Europa cristã, expedindo uma bula que considerou a escravidão africana um mal necessário e passou a receber uma porcentagem sobre o valor de cada carga de escravos que entrava nas colônias.

Nada vai alterar o dia em que Steve Biko foi preso e morto sob torturas durante interrogatório policial em 1977, na África do Sul, por defender a consciência negra como saída para o *apartheid*.

Nada vai alterar o dia em que houve a partilha da África e seus países foram criados segundo a determinação do colonizador europeu, obrigando etnias inimigas a conviver no mesmo território, o que causou sangrentas guerras civis.

Nada vai alterar o dia em que um jovem baiano no bairro de Paripe, em Salvador, Bahia, foi espancado por policiais militares por causa do seu cabelo em estilo *black power*.

Nada vai alterar o dia em que Malcolm X, aos 39 anos, foi morto com treze tiros quando discursava no Harlem.

Nada vai alterar o dia em que foram massacradas insurreições de nações africanas que se rebelaram contra a ocupação europeia.

Nada vai alterar o dia em que Nelson Mandela foi preso.

Nada vai alterar o dia em que, em 1994, houve o genocídio em Ruanda graças à Bélgica, que ocupou o país e instaurou um sistema de divisão étnica entre hutus e tutsis.

Nada vai alterar o dia em que barcos de refugiados se lançaram ao mar.

Nada vai alterar o dia em que mataram Martin Luther King.

Nada vai alterar o dia em que Pedro Gonzaga foi levado à morte por asfixia por um agente de segurança no supermercado.

Nada vai alterar o dia em que assassinaram Marielle Franco.

Nada vai alterar o dia em que mestre Môa do Katendê foi assassinado.

Nada vai alterar o dia em que soldados do exército brasileiro deram oitenta tiros no carro de uma família negra que estava a caminho de um chá de bebê.

Nada vai alterar o dia em que barcos de refugiados afundaram no mar.

O passado é estático! A identidade, não!

Nada vai alterar o dia em que me senti feliz com a minha primeira aula... de violão!

Nesse exato instante, como jamais ouvido antes, um ensurdecedor som de turbina de avião invade o ambiente da sala clean. *Dessa vez, ambos os cidadãos mantêm o olhar um no outro, desprezando as possibilidades de partidas de povos em um voo.*

Cena-Rastro 13

Ambos os cidadãos agora estão sentados próximos um do outro. Lado a lado. Ainda na sala clean.

VELHO CIDADÃO: Voltar sempre foi uma questão muito difícil pra todos! E toda ida sempre está ligada àquilo que desconhecemos! Uma vez, numa vila pesqueira do Senegal chamada Yarakh Tefess, os pescadores perceberam que, de repente, não tinha mais peixes na costa. Eles ficaram então sem recursos para sobreviver! Foi quando se deram conta de que a costa senegalesa estava cheia de navios ocidentais que dragavam os peixes pelo fundo das águas. E já dentro dos navios tratavam, enlatavam e levavam os peixes pra venda nos supermercados do Ocidente. Então eles resolveram pescar em alto-mar! Avançavam cada vez mais nos mares em busca de peixes. Mas não achavam! Nunca achavam peixes! Um dia, já bem distante da costa, os pescadores senegaleses perceberam luzes ao longe! Eram as luzes de cidades de Portugal! Aqueles pescadores descobriram então que havia a possibilidade de atravessar de barco até a Europa. E passaram a ganhar dinheiro levando pessoas do Senegal pro Ocidente. As pessoas que eles levavam não voltavam mais pra casa! Nunca mais! Agora eu te pergunto: quem estava levando aqueles senegaleses pra Europa? Os barcos africanos dos pescadores ou os navios ocidentais dragadores dos peixes da vila?

Depois de um tempo pensativo, o Jovem Cidadão resolve emitir uma resposta para a pergunta do Velho Cidadão. Mas, antes que o jovem diga alguma coisa, o velho faz um sinal com a mão, pedindo para que ele não responda à pergunta. Depois de um rápido instante, o velho pega a sua misteriosa sacola, em que ele tanto mexia ao longo do tempo de espera na sala clean, *e retira um livro editado. Entrega o livro para o jovem. Em um golpe de tempo espiralar, o jovem se surpreende com o fato de o livro ser sua tese de doutorado já publicada, ainda que não defendida. Ele folheia atônito o livro, enquanto o velho lhe dá mais um presente... um pequeno embrulho. Parece uma espécie de comida que nunca saberemos qual é. E, por último, ele retira um pequeno cantil de cabaça da sua sacola. Abre o cantil de cabaça e oferece ao Jovem Cidadão.*

VELHO CIDADÃO: Não está cheio! A água está pela metade! Quer dar continuidade?

O jovem pega o cantil de cabaça, abre e bebe um generoso gole de água, saciando a sua enorme sede. Logo em seguida, devolve o cantil ao velho, que, por sua vez, bebe um pequeno gole d'água. Ainda sentados, ambos voltam o olhar para frente, como se olhassem o nada.

E continuam ali, na sala clean, *aguardando as autoridades dos respectivos consulados darem um parecer... sobre suas identidades.*

Sons de turbinas de avião invadem a sala.

Fim.

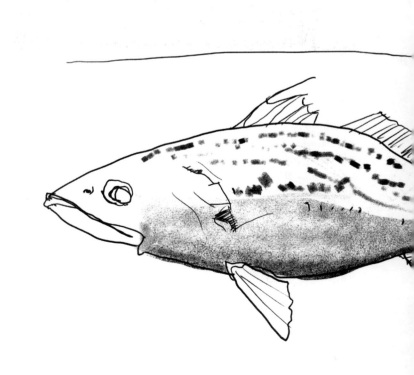

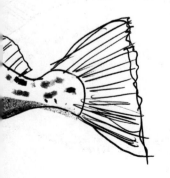

O CAMPO DE BATALHA NAMÍBIA, NÃO! EMBARQUE IMEDIATO

O CAMPO DE BATALHA

A Fantástica História de Interrupção de uma Guerra Bem-Sucedida

Uma Trégua Feita de Pólvora, Palavras e Paralisia

Luiz Marfuz

LOGO APÓS NUTRIR o nosso universo dramatúrgico com a arguto e bem-sucedido texto *Namíbia, Não!* – e com ele alcançar o reconhecimento nacional e internacional –, Aldri Anunciação nos entrega a segunda peça da trilogia do confinamento, assim por ele nomeada. Nesta, o confinamento se dá num campo de batalha do futuro, tão atual que assusta, como antes nos assustava a premonição (munida de fatos presentes) de um segregacionismo racial ameaçador: pessoas de melanina acentuada deveriam ser expatriadas do Brasil para suas terras de matriz africana, em ato de barbárie decretado pela civilização.

Em *O Campo de Batalha: A Fantástica História de Interrupção de uma Guerra Bem-Sucedida*, a melanina adquire novas cores, amplia o segregacionismo e se espalha em todos os pigmentos da pele. Se em *Namíbia, Não!* o horror atingia os de melanina acentuada, parecendo deixar invulneráveis os demais, agora todos estão implicados no combate infernal do cotidiano e na luta insana pelo domínio do corpo, da mente, do espaço e dos frutos da terra. A guerra não escolhe cor.

O texto nos mostra um futuro insólito, enroscado nos liames da incomunicabilidade humana: dois soldados inimigos se enfrentam em um momento de trégua da Terceira Guerra Mundial, tutelada pela máquina de informação e controle dos poderes constituídos e instituídos; um megafone, porta-voz da (des)governança bélica, é o que determina o fazer e o não fazer entre os dois, impondo-se como terceira personagem da peça: "Que loucura é essa de vocês se abraçarem?", adverte.

A peça se desdobra em uma espécie de Big Brother sinistro, atravessado por *skylines*, *loops*, *streams* e outras mídias, sempre a serviço da desrazão totalitária. Nela, o autor busca inspiração no melhor da dramaturgia universal (especialmente Ionesco, Beckett, Brecht e Arrabal), destila ironia, desconfia da linguagem, impõe encontros e afastamentos que sucumbem ao exaustivo exercício de impaciência de um combate no qual não há vencidos nem vencedores. Todos perdem. Mesmo os que se abstêm de combater. O riso se instila em lavas de palavras, nos clarões do silêncio e nas fagulhas da visualidade, recursos que se impõem não como explosão de encantamentos, mas como rastilhos de pólvora queimada.

Ao leitor não caberia mais o desenfreado gargalhar crítico de si e do outro; mas um riso nervoso, tenso, de quem assiste a uma tragédia anunciada, próxima, imediata, e se pergunta se ainda é possível evitá-la. A escrita de Aldri Anunciação é tensa e macia – leves facadas de humor e sombras –, como se forjada num espaço de suspensão entre a vida e a morte, o ser e o nada – algo tão próprio à natureza da arte. Além disso, é um convite sedutor aos artistas da cena. Mas não só. Quem gosta de boa dramaturgia, aprecia as saliências da literatura ou simplesmente quer conhecer um modo inventivo de ver as enfermidades do futuro no presente, é só deixar-se penetrar pela artilharia sem tréguas desse campo de batalha de palavras e visualidades.

LUIZ MARFUZ é diretor teatral, dramaturgo, doutor em Artes Cênicas e professor da Escola de Teatro da Universidade Federal da Bahia – UFBA. É autor, pela Perspectiva, de *Beckett e a Implosão da Cena: Poética Teatral e Estratégias de Encenação* (2013).

DO AUTOR
Debate de Ideias no "Front"!

ALÉM DE EXPLOSÕES de bombas (e de absurdos piqueniques), o que mais pode ocorrer num *front* de guerra? E na dramaturgia? O que mais pode suceder, além da tradicional (e deliciosa) contação de histórias? Quando o teatro se encontra desprovido de sua ação dramática, o que pode acontecer em substituição? É esse limite que a dramaturgia da presente história arrisca tangenciar quando propõe a desafiadora interrupção do ato (bélico), em pleno campo de batalha de uma hipotética Terceira Guerra Mundial esvaziada de seu elemento basilar: a munição. A partir da correlação entre o campo e o palco, proponho um convite-desafio ao espectador-leitor: aventurar-se no confinado espaço perigoso da exposição dramática de ideias ingênuas, filosóficas, provocadoras, pessoais e sociais que ousam substituir a munição escassa do nosso enredo-batalha. Convido a todos para, em conjunto, tentarmos suprir o esgotamento estético dos atos-munições do teatro com o devir. Que o vazio ocasionado pela escassez de munição (e pela ação dramática interrompida desta narrativa) nos conduza ao que denomino de drama-debate, que brota de uma possível poética da discordância[1]. Confinados neste campo-palco, sugiro que vocês acionem o arsenal de pensamentos e se protejam de possíveis ataques-ofensivas, sem se deixarem afetar por possíveis correlações imediatas que surgirão no meio

---

[1] Drama-debate e poética da discordância são noções-objeto de investigação da minha pesquisa de doutoramento sobre dramaturgia do debate na UFBA.

desse embate estagnado. E não tenham pressa de tomar partido por nenhum dos lados do combate, pois o trajeto nos revelará absurdas realidades ou ingenuidades! O entrechoque sem contraste de nosso cotidiano (nacional e internacional) tem nos alertado sobre a possibilidade de os lados opostos serem apenas virtuais e aparentes.

Diferentemente dos embates orgânicos de qualidade biológica da natureza (haja vista o resultado positivo do choque de células que produzem a vida), oposição de qualidade destrutiva é uma invenção do homem, e acreditamos nessa invenção embasbacados e deslumbrados com nossas próprias criações. Iniciemos então a busca pela ingenuidade, pois a lucidez nos sufoca. Talvez a ingenuidade nos liberte dessas gangorras e balanças que insistem em pesar o valor de nossas ideias, de nossas almas, de nossas conquistas.

Sei que talvez seja tarde demais e que a ingenuidade possa já estar sem vida à beira do mar – como uma criança grega que sucumbiu em uma travessia de barcos de refugiados. Ou que estejamos já esfacelados e desmembrados sem percebermos. Mas insistamos! Pois o planeta pede e clama por aproximações!

Aproveitem a fictícia interrupção da guerra e mergulhem em suas "cabeças pensantes" durante este inerte combate, junto com nossos soldados-personagens. Pois neste campo-teatro (de batalha) é legítimo as diversidades de ideias substituírem as balas!

O Campo de Batalha

Durante uma Terceira Guerra Mundial, motivada pela disputa das águas do planeta, dois soldados de corporações inimigas confrontam-se em um seco e árido leito do rio Amazonas.

De repente, os inimigos são surpreendidos com uma temporária interdição dos combates, comunicada por uma vigilante voz de um misterioso alto-falante. A guerra é oficialmente interrompida devido a um esgotamento na indústria de produção de munição, que não consegue mais se abastecer de suficiente matéria-prima para a produção de projéteis. Enquanto esperam a autorização de retorno das atividades de combate nesse hiato de guerra, os dois soldados inimigos iniciam uma incômoda e subjetiva aproximação dialógica, que os conduz a um desfecho inesperado... e bem distante do protocolo bélico. A cena acontece no fundo de um seco e árido leito de rio, outrora caudaloso e cheio. Ao longo do diálogo, a voz de um alto-falante atualiza os soldados inimigos sobre as negociações para o restabelecimento das atividades de guerra e monitora a manutenção da inimizade entre ambos.

Personagens

SOLDADO 1
SOLDADO 2

Personagem em Voz *Off*

VOZ DO ALTO-FALANTE

Ambas as personagens (Soldado 1 e Soldado 2) com fardas de exército futurista, não especificando os países. Os elementos do figurino remetem diretamente às duas Grandes Guerras ocorridas no século xx, misturados a adornos futurísticos de uma hipotética, fictícia e visionária Terceira Guerra Mundial.

A ação ocorre no fundo de um seco e terroso leito do antigo rio Amazonas. Uma grossa camada de terra cobre todo o chão do palco, dentro de uma estrutura circular que armazena toda a terra e delimita o espaço da cena. Tal estrutura possui uma engrenagem interna que possibilita girar em sentido horário e anti-horário, de acordo com a disputa de argumentação de cada personagem. Essa articulação possibilitará que o encenador perspective o olhar do espectador de acordo com o drama-debate empreendido entre os dois soldados inimigos. Fincado na terra (ao centro) do leito seco de um rio (front dessa guerra estagnada), um poste de madeira com um alto-falante no alto. Mais ao fundo do palco, uma tela branca para projeções mapeadas, delimitando o dia, a noite e a madrugada no campo de batalha da Terceira Guerra Mundial, assim como para a revelação de uma devassa debordianamente[2] visual e midiática ao longo do espetáculo-guerra, totalmente transmitido pelas plataformas de streaming ao redor do planeta. Ao longe, percebe-se o skyline de uma cidade grande.

Caso o encenador altere essa configuração de cenário, sugiro fortemente que ele substitua por algum outro móbile que mantenha visualmente o peso e alternância das ideias das personagens, em uma dinâmica visual que contraponha a característica estática de uma guerra (ou ação) interrompida.

---

2   Referência a Guy Debord.

Cena 1
Tempo de Guerra

Um céu isento de estrelas. A noite escura do campo de batalha é iluminada esporadicamente pelos brilhantes estalos de luz vindos de tiros, metralhadoras, granadas e canhões, que explodem em sequência orquestrada e entremeada por infinitos segundos. Nessa configuração, o campo assemelha-se a um artificioso céu negro, onde mal conseguimos enxergar o árido e seco leito de um antigo rio, que abriga agora o front de dois soldados solitários e inimigos. Talvez suas corporações tenham sido alvejadas pelas estrelas artificiais lançadas por armas tecnologicamente avançadas. Trata-se da Terceira Guerra Mundial, e o leito seco revela a possível razão que acirra as disputas entre os países: a água. Os infinitos segundos que preenchem os espaços entre os sons bélicos da artilharia tornam-se sutilmente mais longos. Primeiramente, somem os sons de tiros. Depois, somem os sons de metralhadoras. Em seguida, somem os sons das granadas. E, por último, somem os sons de canhões. Simultaneamente ao último som, o sol nasce no silêncio que resta, revelando em contraluz os perfis de dois soldados solitários deitados de bruços na terra seca, com suas armas em riste apontadas um contra o outro.

Naquele tempo de silêncio que prometia ser mais curto, ouvimos a respiração transmitindo o estado de alerta dos dois soldados inimigos. Mas, estranhamente, o tempo se alonga. E se alonga. E se alonga ainda mais... como se todos os relógios do mundo parassem de funcionar, e o tempo finalmente não passasse, mas os soldados passassem pelo tempo. De repente, cortando aquele silêncio como um canivete de guerra, o Soldado 2 aciona ligeiro o gatilho, com o objetivo inquestionável de eliminar o Soldado 1.

Mas, em vez do estouro clássico do tiro derradeiro, o silêncio ressurge. Um silêncio inteiro e recuperado do primeiro corte. Um silêncio que jogou para a região do eco o som de uma arma com cartuchos vazios. O Soldado 2 fica completamente surpreso com a ausência de munição em seu fuzil. A luz solar agora deixa de ser contraluz e revela com mais precisão os dois soldados inimigos perfilados e com fardas diferenciadas, atestando que são realmente de corporações opostas. Os soldados permanecem imóveis.

SOLDADO 1: Sinto muito! Avalio agora que estou em vantagem em relação ao inimigo número 1! Seu cartucho está vazio!

O silêncio se impõe. Os soldados se entreolham.

SOLDADO 2 *(resignado)*: Agora... você pode acionar o tiro derradeiro. Sem mais prolongamentos.

SOLDADO 1: Último desejo?

SOLDADO 2: Sem mais prolongamentos!

SOLDADO 1: Código de honra de minha corporação oferta último desejo ao soldado inimigo em situação de desfecho inevitável.

Nesse instante, uma pequena conferência articula-se nos pensamentos de um apático Soldado 2, prestes a se ver alvejado pela estrela artificial do soldado inimigo.

SOLDADO 2: Retire o capacete!

SOLDADO 1: Pede-se normalmente o envio de mensagem pra família... ou coisa parecida.

SOLDADO 2: Retire o capacete! Este é meu desejo. Quero morrer vendo o rosto do inimigo.

O Soldado 1 hesita.

SOLDADO 1: Já que o soldado assim deseja...

O Soldado 1, com muito cuidado, apoia a arma no ombro, mantendo o Soldado 2 rendido, e consegue retirar o próprio capacete. Diante da iminência da morte, o Soldado 2 começa a rir.

SOLDADO 1: Do que você está rindo, soldado?

SOLDADO 2: Sua cabeça... tem formato de ovo.

SOLDADO 1: Sem mais prolongamentos!

O Soldado 2 interrompe o riso.

SOLDADO 2: Verdade... sem mais prolongamentos.

Um infinito silêncio atravessa o campo de batalha.

SOLDADO 2: Pode atirar. Nossos fornecedores licitados publicamente não tinham capacetes de aço. Pode ficar tranquilo... o tiro vai perfurar!

SOLDADO 1: E se eu atirar... e seu capacete for de aço, salvando sua vida?

SOLDADO 2: Aí você vai ter caído na minha conversa. Ficará sem munição igual a mim... e eu estarei salvo!

SOLDADO 1: Essa é sua estratégia?

SOLDADO 2: Não! Minha estratégia é te comparar com um primo meu. Você parece com um primo meu!

SOLDADO 1: Primo?

SOLDADO 2: Um primo que foi pro seu país em busca de informações confidenciais.

Rendido e prestes a receber um tiro, o Soldado 2 retira um escapulário do bolso e começa uma oração em sussurro.

SOLDADO 1: O que está fazendo?

SOLDADO 2: Orando pelo meu primo! Ele não teve treinamento. Foi convocado para essa missão porque todos os soldados do meu país já estavam aqui no campo de batalha.

SOLDADO 1: Sinto muito!

SOLDADO 2: Posso terminar a oração antes de ser alvejado?

SOLDADO 1: Pode.

O Soldado 2 balbucia as últimas frases da incompreensível oração. O Soldado 1 mantém a arma em riste apontada para o Soldado 2.

SOLDADO 1: Posso colocar meu capacete?

SOLDADO 2: Não será necessário! Toda minha corporação já está sem munição. Fui identificado como o único que

possuía a última bala... mas o cálculo foi errado. Usei minha última munição pra acertar um civil. Eu achava que estava usando o penúltimo cartucho. Na verdade, era o último!

SOLDADO 1: Você alvejou um civil?

SOLDADO 2: Não fique sentido, soldado! Aqui no campo não existem conterrâneos seus... nem meus! Estamos numa zona neutra.

SOLDADO 1: Mas existem civis dessa região! O Código de Conduta de minha corporação não permite!

SOLDADO 2: Temos Códigos de Conduta diferentes! Pra nossa corporação, os civis daqui são irrelevantes!

SOLDADO 1: Como assim? Todo civil é relevante! Vocês podem ser enquadrados em crime de guerra, sabia?

SOLDADO 2: Que crime de guerra? Está maluco? Quem é que vai julgar isso aqui?

SOLDADO 1: De acordo com a última Convenção Internacional, não se pode cometer crimes de guerra!

SOLDADO 2: Você pode repetir isso?

SOLDADO 1: Isso o quê?

SOLDADO 2: Isso que você acabou de falar!

SOLDADO 1: Não se pode cometer crime de guerra!

SOLDADO 2: E o que você vai fazer comigo agora é o quê? Ora, soldado! Eu sinto muito! Pra nossa corporação, aqueles civis são realmente irrelevantes! E eles foram instruídos a não sair de casa durante os combates. Acordo internacional... não posso fazer nada!

O Soldado 2 se ajoelha e se coloca em posição para receber o tiro derradeiro a ser dado pelo Soldado 1. O Soldado 1 ajusta sua arma para eliminar o Soldado 2, que suspira e abre os braços, numa consagrada expectativa pelo tiro derradeiro.

SOLDADO 1: Eu nunca matei ninguém!

A frase surge como um projétil que acerta a alegria do Soldado 2.

SOLDADO 2: Oi?
SOLDADO 1: Eu ainda não matei ninguém! Pelo menos aqui... no campo de batalha.
SOLDADO 2: Não entendo. Você matou... ou não matou?
SOLDADO 1: Eu já matei uma pessoa no trânsito da minha cidade. Eu estava dirigindo... tinha dezoito anos. Tinha acabado de pegar a habilitação.
SOLDADO 2: Filho da puta!
SOLDADO 1: O que foi?
SOLDADO 2: Odeio quem tira a vida de inocentes! Ainda por cima com carros domésticos!
SOLDADO 1: Mas você tira vidas de inocentes por aqui!
SOLDADO 2: Aqui é diferente! Aqui é permitido!
SOLDADO 1: Eu não matei por querer! Parei o carro no sinal vermelho... um moleque me ameaçou com uma pistola vagabunda!
SOLDADO 2: Você matou o ladrão, pelo menos?
SOLDADO 1: Não! Eu arranquei com o carro... e acertei a garota que atravessava na faixa de pedestre. O sinal estava verde para ela!
SOLDADO 2: Você fez isso?
SOLDADO 1: Não tinha saída. Eu tinha que me defender. Tive medo de ser morto por um moleque assaltante. Eu não merecia aquilo!
SOLDADO 2: E a garota da faixa de pedestre? Ela merecia?
SOLDADO 1: Você fala isso, mas mata civis aqui na guerra!
SOLDADO 2: Já te disse que aqui é diferente!
SOLDADO 1: Não é diferente! É igual!
SOLDADO 2: O fato é que em minha corporação não temos mais munição! E armas sem munição não são armas! Portanto, não precisa colocar seu capacete de aço. Você tem chance zero de ser alvejado!
SOLDADO 1: Armas sem munição não são armas. Mas o fornecimento semanal de munição começa hoje. Mais precisamente

às dezoito horas. Isso me deixa numa situação vulnerável! Daqui a pouco, seus colegas estarão com armas carregadas e apontadas pra minha cabeça! Do mesmo jeito que eu estou apontando a minha pra sua!

SOLDADO 2: Muito bem, soldado! Exatamente! O fomento nunca deixaria a gente na mão. E estamos próximos do momento de fornecimento de munição!

De repente, o som de uma sirene invade o ambiente. Os dois soldados prontamente olham para o alto-falante.

Cena 2
A Guerra Tem Uma Voz!

Em seguida ao som da sirene, ecoa por todo o campo de batalha uma voz que sai do alto-falante instalado no alto de um poste fincado ao centro do campo de batalha.

VOZ DO ALTO-FALANTE: Atenção, soldados! Aqui é da Central de Fomento de Guerras. Gostaria de deixar um comunicado para ambos os lados do conflito. Nossa Central está aguardando informações mais precisas de nossos fornecedores, mas a munição não se encontra disponível em nossos almoxarifados para a distribuição semanal. De forma que pedimos não só a compreensão das corporações de ambos os lados, mas que interrompam momentaneamente as atividades bélicas. Precisamos aguardar a regularização do fornecimento para que vocês possam prosseguir no fluxo normal e tranquilo da guerra. Pedimos desculpas pelo pequeno atraso, mas logo a situação irá se normalizar. Estamos agilizando para que atrasos históricos como o da Primeira Guerra não ocorram mais.

A Primeira Guerra Mundial sofreu atraso de um mês para investigar e esclarecer o assassinato do arquiduque austro-húngaro por um jovem integrante de um grupo sérvio. Como vocês puderam perceber, assim que foi caracterizado o roubo da totalidade das águas do rio Amazonas por tubulações subterrâneas secretas e invasivas de países piratas, homologamos de imediato, com publicação expressa no *Diário Oficial das Nações*, o início das atividades da Terceira Guerra Mundial. Estimo que essa pequena suspensão dos conflitos por motivos, digamos, logísticos deva durar apenas alguns minutos. Pela sua atenção, muito obrigado!

Os soldados se entreolham intrigados.

Cena 3
O Homem Mais Poderoso do Planeta

SOLDADO 2: Você ouviu isso?! Agora você é o único!
SOLDADO 1: Mas é uma bala só.
SOLDADO 2: Sim!
SOLDADO 1: Preciso ser criterioso.
SOLDADO 2: Ela te torna a figura mais poderosa do mundo. Pelo menos nesses minutos de regularização do almoxarifado.
SOLDADO 1: Mas é pouco tempo! E, mesmo assim, ninguém está sabendo que eu estou no poder. Somente você.
SOLDADO 2: Podemos negociar? Você me preserva, e eu me torno testemunha viva de que, ao menos por um dia, você foi o homem mais poderoso do planeta!
SOLDADO 1: Por ora, eu não vou atirar. Ao menos no meu país, não se permite prosseguimento, caso a Central de Fomento de Guerras não distribua igualitariamente munição para todos. A guerra está oficialmente no modo *pause*.

Subitamente, o Soldado 2 coloca a mão no bolso.

SOLDADO 1: Não se mexa! O que você está fazendo? O que você tem aí no bolso?

SOLDADO 2: Calma! É apenas uma bala... uma goma! Aceita uma?

O Soldado 2 lentamente mostra para o Soldado 1 o doce de confeito que trazia no bolso.

SOLDADO 1: Não quero bala de confeito! Obrigado!

O Soldado 2 mastiga uma das balas de goma.

SOLDADO 2: Sua posição é invejável, sabia? Você é o homem mais poderoso do mundo!

SOLDADO 1: Poderoso... mas sem poder atirar.

SOLDADO 2: Que seja, rapaz! Importante é o título, não é?

SOLDADO 1: Pelo que vejo, você não está aqui para defender seu país.

SOLDADO 2: Você está me julgando, soldado?

SOLDADO 1: O que você disse... lhe deixou transparente!

SOLDADO 2: O quê?

SOLDADO 1: Que minha posição de homem mais poderoso do mundo é invejável.

SOLDADO 2: Você está usando o que eu disse contra mim?!

SOLDADO 1: É muito provável que você não seja digno de estar aqui no campo de batalha.

SOLDADO 2: E quem seria digno de estar aqui? Você, por acaso?

SOLDADO 1: Talvez.

SOLDADO 2: Como "talvez"? Além da minha... está pondo em dúvida também a sua pessoa?

SOLDADO 1: Eu não coloquei sua pessoa em dúvida, soldado! Eu me certifiquei do seu egoísmo.

SOLDADO 2: Você está perturbando a minha paz!

SOLDADO 1: Que paz?

SOLDADO 2: Minha paz interior! Você está sendo estratégico!

SOLDADO 1: Não me parece.
SOLDADO 2: O quê?
SOLDADO 1: Não me parece que você tenha paz interior. Você é meio esquisito.
SOLDADO 2: Acho melhor você colocar seu capacete.
SOLDADO 1: Por quê?
SOLDADO 2: Cansei da sua cabeça de ovo.

O Soldado 2 solta uma gargalha debochada e estratégica. Pensativo, o Soldado 1 alisa lentamente a própria cabeça. Coloca de volta o capacete, com o cuidado de não deixar a arma fora de posição de ataque em relação ao Soldado 2.

SOLDADO 1: Estou muito satisfeito com minha cabeça de ovo.

Cena 4
O Hiato da Guerra

O Soldado 1 ainda se encontra com a arma apontada em direção à cabeça do Soldado 2.

SOLDADO 2: Espero que essa pausa não seja longa.
SOLDADO 1: Precisamos aguardar a liberação da Central de Fomento de Guerras. Não podemos e não devemos prosseguir com o combate sem a oficial liberação da Central!

Leve pausa.

SOLDADO 1: Por que você veio pro *front*?
SOLDADO 2: Eu? Água! A renda *per capita* de água estava baixa no meu país. Cada cidadão tinha direito apenas a dois litros de água por dia. Muito pouco, não é?!
SOLDADO 1: Essa é a razão do seu país. Perguntei sobre suas razões, soldado!

SOLDADO 2: Você realmente não acredita que desejo lutar pelo meu país!

SOLDADO 1: Você não tem cara de que veio pra guerra por causa da sede de água de seus compatriotas!

SOLDADO 2: Tudo bem, soldado! Vou lhe revelar por que vim pro campo de batalha! Eu tinha uma loja de móveis de madeira. Mas antes que a sua militância de plantão me ataque... eu não derrubava as árvores, não! Eu pegava árvores caídas pelos raios em dia de chuva e transformava em mesas de centro.

SOLDADO 1: Mesas de centro?! Por que somente mesas de centro?

SOLDADO 2: Sei lá! Acho que era uma obsessão que eu tinha pela centralidade. Acho que era isso! Começou a chover cada vez menos... isso prejudicou os negócios! Fiquei sem opção.

SOLDADO 1: Você saiu do ramo dos móveis... para as guerras?

SOLDADO 2: Não foi assim direto, não! Fiz uma carreira militar. Estou aqui preparado. E, por outro lado, essa história de guerra pode ser muito rentável! Estimula diversos setores do comércio. É uma área propícia, sabia?!

SOLDADO 1: Propícia?

SOLDADO 2: Sim, propícia! Eu li sobre isso naquela revista *Reader's Digest*.

SOLDADO 1: Estamos falando de guerra, rapaz! Não de mercado!

SOLDADO 2: Então me responda uma coisa: quantos porta-aviões foram construídos para que pudéssemos estar aqui?

O Soldado 1 (ainda com a arma em riste) se diverte com o desafio, deixando escapulir um riso.

SOLDADO 1: Parece que você não se preparou o suficiente pra estar aqui! Você deveria saber que foram construídos 163 porta-aviões pra atender ao grande número de aviões necessários pro combate! Como bom soldado, você deveria ter se informado que...

SOLDADO 2: ...270 quilômetros de trilhos ferroviários foram assentados aqui para facilitar o transporte de suprimentos de alimentos! Inclua aí o McDonald's. Você sabe, não é? O McDonald's lançou hambúrgueres compactados especialmente para os soldados aqui do campo de batalha. E essa arma que você impõe aí, na minha frente, é o terceiro produto de exportação russo. Eles produzem mais armas do que carros ou aparelhos celulares. Isso sem falar nos interceptores de mísseis... sucesso de vendas e produzidos a toque de caixa! Agora imagine, soldado, a quantidade de gente envolvida nessa superprodução! Isso não estimula diversos setores do comércio? Ou o soldadinho ainda acha que a Bolsa de Valores não tem nada a ver com isso aqui, hein?

SOLDADO 1: Você está confundindo as coisas! Apesar de toda a especulação sobre a razoabilidade da guerra, as razões que giram em torno dos conflitos são humanitárias, rapaz! É preciso controlar as nações que estão desrespeitando os limites hídricos de cada país. Você vai deixar que esses países piratas roubem as águas do planeta inteiro, como fizeram aqui, destruindo caudalosos rios através de tubulações subterrâneas secretas? Isso aqui um dia foi o rio Amazonas, soldado! Percebe? Você está no fundo do leito do maior rio do mundo! São essas as razões que você não consegue enxergar!

SOLDADO 2: Essas razões são aparentes, meu caro! Você acha que os Estados Unidos encontraram algum lençol freático com aquela invasão no Uruguai? Você está confuso, achando que veio aqui pra salvar o mundo... ou pra aumentar a renda *per capita* de água de seu país!

O Soldado 2 desata um riso debochado, ao perceber que a conversa está irritando o Soldado 1, então detentor da arma com a única bala.

SOLDADO 1: Eu não acho que vou salvar o mundo! Mas acredito que podemos tentar controlar as coisas para um nível razoável.

SOLDADO 2: Razoável para o seu pequeno universo! Pois para o mundo as coisas não são nada razoáveis. Razoável seria vocês admitirem que usam a guerra como uma força expedicionária em busca de novas fontes de água.

SOLDADO 1: Qual o problema de brigar por novas fontes de água, soldado? Não seria razoável disponibilizar fontes de água pra quem sabe o que fazer com elas? Nós temos a sabedoria pra pegar esses leitos e transformar em fontes multiplicadoras. Ao contrário desses países piratas... que drenam as águas dos outros sem prévia negociação! As águas que nós diplomaticamente adquirimos dos outros países são redistribuídas igualitariamente. Não somente para os nossos cidadãos, mas também pro mundo inteiro!

SOLDADO 2: O mundo inteiro? Ora, soldado, eu não acredito que você seja tão ingênuo! Em verdade, ninguém aqui vai acreditar em você, se continuar com essa linha de raciocínio. Repare o PIB dos países mais potentes do planeta, soldado! Quarenta por cento desse PIB gira em torno da indústria da guerra. Se fossem necessárias mesas de centro na guerra, por exemplo, eu estaria feito. Uma indústria em plena ebulição! E aqui estamos nós dois, eu e você, no centro dessa engrenagem... Aproveite, rapaz! É a nossa chance de nos darmos bem nos negócios!

SOLDADO 1: Negócios? Que negócios?

SOLDADO 2: Se os produtos são produzidos, algum mercado precisa ser criado pra que eles sejam consumidos, soldado! Claro que esse mercado pode enfraquecer em algum momento. Mas, se isso acontecer, provoca-se um conflito ali, outro acolá, pra fazer girar esses produtos. Vamos, camarada! Deixe de conversa... e comece a mercar! Escuta: eu e você fazemos parte desse PIB. Eu e você podemos ser sócios, sabia? Sócios, soldado!

O Soldado 2 inicia exaltada gargalhada esquizofrênica.

SOLDADO 1: Pare com isso! Você está louco! Está confundindo isso aqui com a sua pequena e falida empresa de mesas de centro. Não existe sociedade entre a gente! Não somos sócios! Somos inimigos! Está maluco?
SOLDADO 2: Estamos em cima da mesma mesa de centro, camarada! E eu amo muito tudo isso! É isso aí, soldado! Mais vale uma arma no bolso do que vários euros... ienes... dólares!
SOLDADO 1: Esqueça isso! Arma e munição não são moedas. Sua munição não compra sequer uma máquina de lavar roupas.
SOLDADO 2: Mas eu já tenho uma máquina de lavar roupas... e ela ainda seca após a lavagem. Olhe... você não está compreendendo! Talvez você não acredite nessa relação que eu vou lhe dizer agora: mesmo que você tenha a última bala de toda a Terceira Guerra Mundial, você sabe que o seu país não significa nada dentro desse parâmetro econômico.

O Soldado 1 continua com a arma em riste apontada para um debochado Soldado 2, que não desmancha o sorriso dos lábios.

SOLDADO 1: Você sabe da necessidade de investimento em segurança e defesa, soldado! Isso não é uma questão de *marketing* e venda...
SOLDADO 2: Não?!
SOLDADO 1: O que me trouxe até aqui foi a vontade de ter um mundo mais controlado... mais seguro!
SOLDADO 2: Um mundo mais seguro, mas matando um monte de gente? Ora, por favor, soldado! Chupe aqui essas balas!

O Soldado 2 retira as balas de goma do bolso e as joga no rosto do Soldado 1.

SOLDADO 1: Eu não estou matando um monte de gente! Eu vou matar você, se continuar com essa conversa!
SOLDADO 2: Você não pode acionar essa arma, colega! A voz do alto-falante deixou bem claro que estamos com a guerra

suspensa. A guerra está travada, estagnada, congelada... em greve! Sei lá... Só sei que a máquina parou de girar, meu caro!

SOLDADO 1: Pare com essa risada que o momento não é adequado!

SOLDADO 2: Então o momento é adequado pra quê? Me diga! Seu país não articulou você para esses momentos? Então me responda agora: estamos adequados a quê?

Nesse momento, inusitadamente um telefone celular começa a tocar no campo de batalha. Em contraste com as lembranças dos pesados sons de artilharias, que ainda persistem na memória recente daqueles dois soldados estagnados em uma guerra burocraticamente interrompida, os soldados estranham o som revestido de aspecto cotidiano e pacífico do toque de celular.

Cena 5
Um Celular no Campo de Batalha

O celular continua tocando em pleno campo de batalha.

SOLDADO 1: O que é isso? Alguém deixou o celular ligado? Você trouxe seu celular pro campo de batalha, rapaz?

SOLDADO 2: O celular que está tocando está no seu bolso!

SOLDADO 1: Eu não traria um celular pro *front* de guerra! O Código de Conduta do meu país não permite!

SOLDADO 2: Não permite, mas você trouxe!

SOLDADO 1: Não trouxe!

SOLDADO 2: Pode atender! Estamos em momento de pausa nos combates. A Voz ainda não autorizou a retomada do conflito! Vai... atende!

O celular continua a tocar incessantemente.

SOLDADO 1: Você acha que eu sou otário, não é? Eu atendo o celular e deixo de apontar a arma pra você. Essa é sua tática!
SOLDADO 2: Eu não disse que o celular era seu?! Esse receio acaba de ser uma prova. Atenda logo! Pode ser seu recém-nascido.
SOLDADO 1: Como você sabe?
SOLDADO 2: Está na sua cara!
SOLDADO 1: Na minha cara o quê?
SOLDADO 2: Você acabou de ser papai! Atenda! Sua filha pode estar precisando do papai, que está aqui, matando um monte de gente...
SOLDADO 1: Eu já disse que não matei ninguém!
SOLDADO 2: Não?!
SOLDADO 1: Eu comecei ontem aqui no campo de batalha!
SOLDADO 2: E já não deu sorte! Começou ontem e a guerra travou hoje. Isso é péssimo pro seu currículo, sabia?!

O telefone celular ainda tocando.

SOLDADO 1: Será que ela está precisando de alguma coisa? Ela tem problemas intestinais!
SOLDADO 2: Então... atende rápido!

De repente o celular para de tocar. O Soldado 1 começa a chorar baixinho.

SOLDADO 2: Por que você está chorando?
SOLDADO 1: Eu não ajudei minha bebê!
SOLDADO 2: Ah, não ajudou porque não quis! Falta de conselho não foi. Escuta, eu sou um inimigo do bem, rapaz! Sempre aconselho meus inimigos a fazerem a coisa certa. A atitude mais sensata seria você soltar a arma e atender ao chamado de... como é mesmo o nome da criança?
SOLDADO 1: Carmelita!
SOLDADO 2: Mas Carmelita é nome de velha!

O Soldado 1 continua a chorar baixinho.

SOLDADO 2: Então... como eu estava dizendo, você deveria ter atendido ao chamado de Carmelita! Pobre criança! Vamos torcer pra que ela tenha conseguido se sair bem... nessa sua primeira cagada.

SOLDADO 1: Não fale assim de Carmelita! Ela vai conseguir sair dessa! Cada um com seus problemas.

O Soldado 1 enxuga com dificuldade as lágrimas que escorrem no seu rosto e se alojam nas engrenagens mais internas (e interiores) do seu fuzil, agora precariamente apontado em riste para o Soldado 2.

SOLDADO 2: Não sei o que é pior, você lidar com a guerra ou com a merda de sua filha...

O Soldado 1 para definitivamente de chorar.

SOLDADO 1: Você acha que ainda ficaremos muito tempo aqui nesse hiato de guerra?

SOLDADO 2: Não sei.

SOLDADO 1: Não poderíamos continuar a batalha? Mesmo sem munição?

SOLDADO 2: Meu caro soldado, neste mundo podemos beber café sem cafeína, cerveja sem álcool, creme de leite sem gordura... Guerra sem bala? Seria muita evolução pra esse nosso pequeno planeta!

Cena 6
A Guerra Sem Pólvora

Uma sirene novamente é acionada. Logo em seguida a voz do alto-falante volta a ecoar no campo de batalha.

VOZ DO ALTO-FALANTE: Caros soldados, não trazemos boas notícias! A produção de pólvora se encontra em crise mundial. Uma escassez de matéria-prima atinge diretamente a produção e, consequentemente, a distribuição de munição nos campos. Equipes de pesquisadores-cientistas de plantão já iniciaram a procura de alternativas para substituir o hidrogênio, o ácido clorídrico, o gás hélio, o cromo e o enxofre... no intuito de possibilitar eficiência e comodidade nos ataques entre vocês. Contamos com a compreensão de todos diante desse transtorno. Resgato também que a história classificou como uma ofensiva desastrada o lançamento das bombas Little Boy e Fat Man sobre as respectivas cidades de Hiroshima e Nagasaki. A rendição dos japoneses já estava em processo adiantado na cidade de Tóquio, e a Segunda Guerra Mundial já estava oficialmente encerrada. O que é diferente do caso dos senhores! Aqui é diferente! A Terceira Guerra encontra-se apenas interrompida. Pela sua atenção, obrigado!

Os soldados entreolham-se intrigados. O sol vai se pondo, trazendo uma estrelada noite. Uma ave de espécie não identificada cruza o céu, sob o olhar atento do Soldado 2.

Cena 7
A História Não Corresponde à Realidade

O Soldado 2, com movimentos mais livres, porém ainda perfilado e deitado na terra, se movimenta procurando algo na sua mochila de guerra.

SOLDADO 1: O que você tanto mexe na mochila?
SOLDADO 2: Estou com fome... e sede.
SOLDADO 1: E daí?

SOLDADO 2: E daí que enquanto não temos autorização de retomar o conflito, eu vou repor carboidrato e proteína.

O Soldado 2 retira da mochila uma lata fechada de 200 ml e um abridor, e começa a abri-la. Depois pega uma pequena colher e começa a comer sob o olhar atento do Soldado 1, que continua com a arma em posição de ataque.

SOLDADO 2: Servido?
SOLDADO 1: Não, obrigado.
SOLDADO 2: Não sente fome?
SOLDADO 1: Em verdade, eu... eu não sinto fome!
SOLDADO 2: Mesmo olhando alguém comendo assim?
SOLDADO 1: Estou acostumado. Trabalhava em restaurante.
SOLDADO 2: Cozinheiro?
SOLDADO 1: Garçom.
SOLDADO 2: Me tire uma dúvida... é verdade que vocês ganham mais com gorjeta do que com salário?
SOLDADO 1: Pra que você quer saber?
SOLDADO 2: Curiosidade.
SOLDADO 1: Depende. Os 10% que vinham na conta iam pro dono do restaurante. Vinham pra gente quando pagavam em *cash*. Mas isso era um bico! Logo depois me tornei professor de História no ensino médio. Eu gostava de História, sabe?
SOLDADO 2: Não gosta mais?
SOLDADO 1: Acho que não.
SOLDADO 2: Por quê?
SOLDADO 1: Depois que as escolas públicas foram desocupadas por tropas militares, passei a achar que a História não está mais correspondendo à realidade.

O Soldado 2 tenta refletir sobre a sentença proferida pelo Soldado 1, mas logo desiste de prosseguir no entendimento e continua suas furiosas colheradas ao comer algo não identificável da lata de 200 ml.

SOLDADO 2: Escuta, professor, você não trouxe seu mantimento? Confesse!

SOLDADO 1: Eu trouxe, sim. Perdi alguma coisa quando cruzei a fronteira do Golfo Ciático. E dei uma outra parte.
SOLDADO 2: Deu? Pra quem?
SOLDADO 1: Uma criança tinha acabado de sair de um soterramento. Eu não conseguia ver direito o rosto dela por causa da poeira. Lavei com a água do meu cantil... e ela estava com fome.

O Soldado 2 interrompe a mastigação, impressionado com o ato solidário do Soldado 1, e um silêncio pacífico se impõe naquele campo de batalha instalado no fundo seco do rio Amazonas.

SOLDADO 2: Bonito isso! Eu também encontrei uma criançada no meio do caminho.
SOLDADO 1: E ofertou uma parte do mantimento?
SOLDADO 2: Que nada! Segui adiante! Na verdade, eu fui enxotado por elas. Estavam com muita raiva. Pareciam soldados... ou animais. Me enxotaram, falando uma língua que eu não entendia.
SOLDADO 1: Eram do Golfo Ciático?
SOLDADO 2: Com certeza! Engraçado que elas não estavam com medo da minha arma!
SOLDADO 1: Elas deviam estar com fome, né?!
SOLDADO 2: Como você pode dizer isso, professor? Você não estava lá pra ver!
SOLDADO 1: Nessa terra de fumaça, o que uma criançada estaria fazendo na rua? Brincando?
SOLDADO 2: Ah, professor... você quer dizer que eu deixei crianças com fome no deserto pra preservar meu mantimento? Eu não faria uma coisa dessas, não! Embora o Código de Conduta exija que eu encontre uma forma de manter energia pro combate, ele não permite que eu faça uma coisa dessas durante os conflitos!
SOLDADO 1: Pois é... o Código de Conduta do meu país diz o mesmo, mas parece que você pensou somente em si. Exatamente como agora!

SOLDADO 2: Eu te ofereci a merda da comida... e você rejeitou, professor!

SOLDADO 1: Você não me ofereceu! Você taticamente se utilizou dessa situação pra pegar minha arma e assumir uma posição de poder.

SOLDADO 2: Posição de poder? Minha Nossa Senhora, que posição de poder é essa, em que você não consegue nem retirar a própria comida da mochila pra se alimentar? O homem mais poderoso do mundo... com a última munição de que se tem notícia na história... mas com barriga vazia e com fome!

SOLDADO 1: Eu já disse que não estou com fome! E talvez você nem esteja com fome de verdade. Talvez esteja fazendo teatrinho pra estimular o meu apetite. Mas você não contava com o fato de que eu já trabalhei em restaurante... estou acostumado com essas tentações!

SOLDADO 2: Eu te ofereci de verdade a comida, rapaz! E não deixei crianças no deserto com fome, não! Você está louco?

SOLDADO 1: Eu não estou louco! Estou muito lúcido e aguardando a voz do alto-falante autorizar o reinício da guerra para eu pôr fim nessa história, metendo um tiro no seu cérebro... e eu estou com fome, sim!

O Soldado 2 para de comer e, com a colher cheia, faz menção de oferecer comida ao soldado inimigo, que rejeita a oferta. O Soldado 2 então joga a comida ao chão para o Soldado 1, que não esboça sequer uma reação. Nesse instante, uma ave de espécie não identificada cruza em voo o céu agora verdadeiramente estrelado do campo de batalha. O Soldado 2 tenta acompanhar com o olhar o rápido voo do pássaro. Nesse momento, um resquício de memória o atinge.

SOLDADO 2: Uma vez eu trabalhei em um Clube de Caça de Pássaros.

SOLDADO 1: Verdade?

SOLDADO 2: Sim. Eu era muito garoto na época. Minha atividade era coletar aves mortas no clube. Eles acertavam nas aves durante o dia... e, durante a noite, eu fazia a coleta dos bichinhos mortos.

SOLDADO 1: Engraçado!

SOLDADO 2: Engraçado o quê?

SOLDADO 1: Talvez tenha começado ali sua carreira militar!

SOLDADO 2: Não sei. Eu achava divertido. E ainda ganhava um dólar quando pegava uma ave.

SOLDADO 1: Pegava quantas aves por noite?

SOLDADO 2: Cinquenta aves.

SOLDADO 1: Cinquenta dólares por noite?

SOLDADO 2: Bom dinheiro, não é?

SOLDADO 1: Ninguém se importava com a extinção?

SOLDADO 2: Ah... era uma atividade regulada aí pela Lei de Preservação e Conservação da Fauna.

SOLDADO 1: Que lei, hein?! Protegia o que, se deixava vocês matarem tudo?

SOLDADO 2: A lei só permitia a utilização de aves reproduzidas em cativeiro. Acho que era assim que protegia. E quem matava não era eu. Eram eles!

SOLDADO 1: Sei. E se passasse uma ave de outro lugar... migrando? Como é que vocês regulavam isso?

SOLDADO 2: Sei lá! Acho que matavam mesmo assim.

SOLDADO 1: Entendo. Matavam e você catava.

SOLDADO 2: Minha luva ficava toda suja de sangue, professor! Mas era sangue de pássaros, viu?

O resquício de memória passa a atingir também o Soldado 1.

SOLDADO 1: Eu tive um passarinho. Um cardeal. Aqueles com uma mancha vermelha na cabeça, sabe?

SOLDADO 2: Claro que sei!

SOLDADO 1: Um presente de minha vó Zelita. Eu deixava ele assim na janela... na gaiola. Quando ele cantava, parecia que estava conversando comigo. Viveu bastante o meu cardeal. Meu velho cardeal!

SOLDADO 2: Acontecia uma coisa estranha algumas noites, lá no Clube de Caça de Pássaros.
SOLDADO 1: O quê?
SOLDADO 2: Muitas vezes, depois do serviço, depois de catar um monte de ave morta pelo chão, eu ia pro vestiário e entrava no banho. É que o cheiro de bicho morto era muito forte. Não queria chegar em casa com aquele cheiro... meu pai reclamava. E, no meio do banho, eu olhava as minhas mãos... elas permaneciam vermelhas! Como se eu ainda estivesse com as luvas sujas de sangue.
SOLDADO 1: A água não limpava aquele vermelho?
SOLDADO 2: Não, professor! A água não limpava aquele sangue!

Cena 8
O Mundo do i-guerra.com

O Soldado 1 continua com sua arma em riste apontada para a cabeça do Soldado 2. Ambos deitados no chão árido do rio esvaziado, talvez ainda com uma leve umidade em partes da terra dura, nos lembrando que antes águas corriam por sobre aquele campo. O Soldado 2 levanta-se bem devagar do chão e encara o colega-inimigo.

SOLDADO 1: O que você está fazendo?
SOLDADO 2: Preciso mijar!
SOLDADO 1: Mije aqui mesmo.
SOLDADO 2: Como assim?
SOLDADO 1: Quero dizer... pode ir ali.
SOLDADO 2: Mijo de frente pra você... ou de costas?
SOLDADO 1: Pode mijar de costas... você ainda continua na minha mira.
SOLDADO 2: Embora você ainda não possa atirar, professor!

O Soldado 2 posiciona-se de costas e começa a mijar no poste do alto-falante.

SOLDADO 2: Essa sua calça... de quem foi o corte?
SOLDADO 1: Corte?
SOLDADO 2: Sim! O corte... desenho! Quem fez?
SOLDADO 1: Como assim?
SOLDADO 2: No meu país, quem realiza os desenhos das fardas é uma profissional de alta costura. Estou perguntando porque achei a sua calça muito bem ajustada. Sob medida! Pelo que vejo... vocês também investem nisso! Acho importante!
SOLDADO 1: Não sei quem costurou, mas ela é à prova d'água. Tem resistência de couro. Assim a gente fica mais tempo em combate com a mesma farda. Nesse caso, a resistência é bem--vinda! Em outros, não.
SOLDADO 2: Sim... claro! Mas o *design* é ótimo! Assim como a alça do capacete.
SOLDADO 1: Essa alça é muito confortável, sabia?
SOLDADO 2: Professor, você sabe que essas maravilhas de acessórios foram uma conquista de nossa zona de combate, né?! Estão produzindo cada vez mais produtos pra facilitar nossa vida por aqui!
SOLDADO 1: Acho até que exageram!
SOLDADO 2: O quê?
SOLDADO 1: Estão lançando produtos a toque de caixa. Nem bem utilizamos direito os lançamentos e já empurram novas aquisições pra gente consumir. Deixa a gente desgastar primeiro os produtos que adquirimos, poxa!
SOLDADO 2: Concordo! Eu mesmo já estou de olho nos óculos noturnos! Aqueles com os quais a gente consegue enxergar o alvo durante a noite. (*Reflexivo.*) Uma loucura a rapidez desses lançamentos, professor!

O Soldado 1 estabiliza o olhar no coturno do Soldado 2, como que encantado com o seu design.

SOLDADO 1: Seu coturno... é muito legal!

O Soldado 2 termina de mijar.

SOLDADO 2: Oi?
SOLDADO 1: Ele brilha quando vejo daqui... de longe!
SOLDADO 2: É... mas já tem um modelo muito melhor que este! Melhor pra andar na lama. Você pode comprar pela internet... entre no aplicativo Mundo do i-Guerra.com. Lá você encontra tudo! Ainda fazem entrega *express* para o campo de batalha onde você estiver em combate!

Cena 9
As Bombas Adormecidas

Nesse momento, a sirene toca. A voz do alto-falante volta a se expressar em urgência, escapulindo certa impaciência com os soldados.

VOZ DO ALTO-FALANTE: Atenção, soldados do campo 45! Informamos que todos os avisos devem ser respeitados! Permaneçam em suas posições enquanto normalizamos a produção e distribuição de munição! Lembrem-se de que qualquer movimento de vocês pode acionar bombas soterradas e adormecidas. Elas são um perigoso artifício neste momento de pausa bélica. E aproveito pra recordar que, em 1994, bombas adormecidas da Segunda Guerra Mundial foram espontaneamente acionadas em Berlim, derrubando prédios civis e provocando vítimas tardias de guerra, mesmo após quarenta anos do seu lançamento. O fato causou um rebuliço na cidade, apavorando uma população que imaginou se tratar de uma retomada de conflitos, mesmo que já tivesse prestado contas através do Tribunal de Nuremberg. Portanto, permaneçam em suas posições, possibilitando uma

pacífica interrupção das atividades, para que assim que retomarmos a guerra ela possa acontecer de forma tranquila, precisa e normal! Por favor, retornem às suas posições! Pela sua atenção, agradecemos.

Os soldados se entreolham intrigados com as possibilidades de bombas adormecidas no campo de batalha.

Cena 10
O Fuzil É uma Câmera

O Soldado 2 senta-se no chão terroso do antigo e seco rio Amazonas. Retira o capacete, colocando-o no colo.

SOLDADO 1: Como é que ela viu você mijando? Eles possuem câmeras espalhadas pelo campo de batalha?
SOLDADO 2: Câmeras... ou sensores! No início das atividades, eu lembro de ter assinado um termo de liberação de imagens individuais. Essa guerra está sendo totalmente transmitida através de sistema de *live streaming*, professor! Você nunca reparou essa microcâmera na ponta de seu fuzil?
SOLDADO 1: Existe uma microcâmera nessa minha AK-47?
SOLDADO 2: Exatamente! Ah... posso mandar um recado pra minha família através da sua microcâmera? Você permite?
SOLDADO 1: Não sei... acho que sim!
SOLDADO 2: Então aponta a arma direito para mim... pra evitar imagem torta ou cortada!

O Soldado 2 retira o próprio capacete, revelando totalmente sua face para a câmera-arma do colega-inimigo.

SOLDADO 2: Olá, família! Gostaria de mandar um recado pra minha irmã Sarah! Sarinha, eu ainda não consegui comprar aquele aparelho de celular que você me encomendou. Na vinda pro *front* as coisas foram muito corridas! Não consegui pesquisar os melhores preços nas lojas que oferecem isenção de imposto pra soldados em combate. Mas prometo que no retorno... se eu conseguir voltar... vou pesquisar melhor e com certeza levarei seu aparelho. Não posso te garantir levar os perfumes. Por aqui existe um limite pra levar esses produtos.

O Soldado 1 baixa o fuzil, interrompendo a transmissão da imagem.

SOLDADO 1: O que é isso? Sua irmã está te utilizando pra fazer compras internacionais, mesmo em missão de guerra?

O Soldado 1 desliga a câmera.

SOLDADO 2: Você desligou a câmera de transmissão? Isso está fora do Código de Conduta, rapaz! Os combates devem ser transmitidos!

SOLDADO 1: Mas no momento não estamos em combate!

SOLDADO 2: A Central de Fomento de Guerras precisa que essa câmera esteja ligada, soldado! Ela está capturando imagens pra relatórios de guerra! Ligue essa câmera agora!

SOLDADO 1: E o meu direito à privacidade?

SOLDADO 2: Você assinou os termos de liberação de imagens, professor!

SOLDADO 1: Eu não me lembro de ter lido esse termo de liberação de transmissão de imagens...

SOLDADO 2: Não leu o contrato inteiro?

SOLDADO 1: Meu Deus, que contrato?

SOLDADO 2: Aquela papelada que você assinou antes de vir até aqui tem validade contratual.

SOLDADO 1: Isso é uma loucura!

SOLDADO 2: Não é loucura! É o novo formato de organização das guerras! Ou você acha que o procedimento da Terceira Guerra seria igual ao da Primeira e da Segunda?

SOLDADO 1: Você está louco!
SOLDADO 2: Você está desinformado, professor!
SOLDADO 1: Isso é manipulação!
SOLDADO 2: Não é!
SOLDADO 1: Como é que eles querem ter aceso a imagens de soldados no campo de batalha? Isso é uma guerra ou um *reality war*?
SOLDADO 2: Não estamos passando na televisão! As pessoas podem ter acesso somente pela *web*, mas nada de televisão. Por que você não quer que ninguém veja o que você está fazendo aqui, professor? Qual é sua intenção? Ai, ai, ai... você achou que viria aqui fazer o que bem entendesse, sem ninguém ver, camarada? Sem vazar nenhuma informação? É isso?
SOLDADO 1: Eu não vim fazer o que bem entender! Vim por motivo social de luta! Acredito que posso fazer justiça lutando pelo meu país.

O Soldado 2 desata uma gargalhada, provocando incômodo no colega-inimigo.

SOLDADO 2: Justiça pelo seu país? Ora, mas vamos lá, então: que justiça seu país anda fazendo pelo mundo, hein? Todos nós sabemos como vocês tratam as mulheres no território de vocês!
SOLDADO 1: Deixe de ser cínico, soldado-empresário de merda! Pior são vocês... que pensam somente em valores financeiros! Valores humanos passam longe dali. Léguas!
SOLDADO 2: Você está enganado! A gente contribui para o extremo bem-estar da humanidade... criando produtos que seu país consome com muito prazer, tá?
SOLDADO 1: Muito prazer?! Se não fossem os acordos econômicos, nosso país nunca compraria aqueles produtos fabricados por mão de obra infantil!

SOLDADO 2: Ah... está vendo! Se vocês compram nossos produtos, então compactuam com nosso modo de produção! Mas deixa de conversa, rapaz! O fato é que você tem que ligar essa merda de câmera agora... senão estaremos infringindo um código internacional de guerra! Ligue a câmera!
SOLDADO 1: Não vou ligar!
SOLDADO 2: Ligue agora, rapaz!!!
SOLDADO 1: Você esqueceu que está falando com o homem mais poderoso do mundo?

Silêncio.

SOLDADO 2: O quê?
SOLDADO 1: Eu tenho a última bala de que se tem notícia na história! Você mesmo me convenceu disso! Esqueceu?

O Soldado 2 hesita frente à lembrança de contextualização do pequeno poder do Soldado 1, que realmente possui a última bala da Terceira Guerra Mundial. De súbito, compreende a genealogia de forças configurada por essa exclusividade de munição e resigna-se numa respiração estancada de um eterno segundo.

SOLDADO 2: Calma, eu não me esqueci! Mas você desligou a câmera de transmissão! O que me aflige é a Central de Fomento de Guerras considerar que meu país também está infringindo o Código de Transmissão *on-line* da Terceira Guerra. Só isso!
SOLDADO 1: Mas... e se a gente concluir que desligar a câmera foi uma determinação do homem mais poderoso do mundo?
SOLDADO 2: Mas isso não está oficializado ainda não, professor! Foi apenas uma conjectura minha! Eu não sei se eles vão considerar o fato de que você possui a última bala da Terceira Guerra...
SOLDADO 1: Como não? Você está querendo me dizer que a guerra não parou por causa da falta de munição no almoxarifado?

SOLDADO 2: Quem sabe ao certo?
SOLDADO 1: Então a guerra está interrompida por que, soldado? Por causa da final da Copa do Mundo? Ou por causa da estreia do novo seriado de *streaming*?
SOLDADO 2: Considere o fato de eles encontrarem uma alternativa para a produção de munição... e voltamos nesse exato instante à atividade normal de combate! Seu poder estaria desfeito, professor! É a isso que me refiro, rapaz! No fundo, estou preocupado com você, sabia? Estou preocupado com o seu país!
SOLDADO 1: Com o meu país? Preocupado comigo?
SOLDADO 2: É!
SOLDADO 1: Sua preocupação, na verdade, é que seu país parou de coletar imagens aqui da guerra. Sua preocupação é sua nação não poder monitorar a gente neste momento, aqui no campo. Você não suporta mais não ser observado! Essa é sua preocupação, soldado! Além, é claro, de não poder comprar os perfumes e o aparelho de celular de última geração pra sua irmãzinha Sarah!
SOLDADO 2: Você está equivocado! Minha irmã é outra questão. Se eu não conseguir comprar o perfume... tudo bem! Eu tento comprar uma outra coisa por aqui. Além do mais, a taxa de impostos de perfume em nosso país também vai cair... eu posso comprar isso por lá! O que eu quero dizer é que, no fundo, não sabemos exatamente o que eles podem estar negociando entre si nesse momento.
SOLDADO 1: Eles quem, soldado?
SOLDADO 2: Os dirigentes... de nossos países!
SOLDADO 1: Está vendo que seu objetivo aqui não é defender seu país? Bem capaz que você tenha vindo pra guerra somente pra comprar um celular de última geração pra sua irmã Sarah!
SOLDADO 2: Os dirigentes de nossos países podem estar realmente renegociando uma outra forma de intervenção

militar no Golfo Ciático, professor! É isso que eu quero que você entenda, rapaz! Eles podem, nesse momento, estar sentados juntos... numa mesma mesa! E, se for realmente isso, é muito provável que a causa da interrupção da guerra seja uma mentira. Que não esteja faltando munição! E, assim, você deixa automaticamente de ser o homem mais poderoso do mundo. Entende?

SOLDADO 1: Será?

Aquelas palavras interferem no Soldado 1, que por alguns segundos hesita e não lança mais contra-argumentos.

Cena 11
A Irreversível Alternância de Poder

O Soldado 1 cai de joelhos na terra seca e dura do rio, sugerindo uma evidente desistência e decepção com a guerra-espetáculo. Sua mira mostra-se imprecisa e menos consistente. A arma-câmera parece pesar nos braços de um decepcionado Soldado 1.

SOLDADO 1: Durante todo o momento da batalha eu acreditava estar com uma arma nas mãos. Agora percebo que isso nada mais é do que uma câmera de vídeo! E você ainda me diz que nossos países estão numa negociação secreta entre eles...

O Soldado 1 oferece a arma para o Soldado 2.

SOLDADO 1: Tome... ligue essa câmera!

O Soldado 2, em um discreto sentimento de satisfação, hesita em pegar a arma, considerando que pode ainda ser um truque explosivo do colega-inimigo. Teria ele, finalmente, conseguido reverter o quadro e driblado taticamente o destino, mudando da posição de soldado prestes a ser eliminado pela última bala da Terceira Guerra Mundial para o posto de homem mais poderoso do mundo, numa gênese redimensionada do pequeno poder ao qual todos somos tentados? O Soldado 1 insiste na corajosa e desastrada oferta da câmera-arma ao colega-inimigo.

SOLDADO 1: Pega logo! Eu também quero dar um recado pra minha família! Aponte a arma em minha direção... quero dizer, a câmera de vídeo. Aponte essa câmera pra mim!

Um cuidadoso e ainda incrédulo Soldado 2 pega a arma-câmera, esforçando-se para conter a ansiedade pulsante no seu peito.

SOLDADO 1: Vamos... aponta pra mim!

O Soldado 2 aponta a arma-câmera.

SOLDADO 1: Ligou a câmera?

O Soldado 2 aciona o pequeno dispositivo na ponta do cano da AK-47 e liga a arma-câmera. Logo em seguida, aponta a arma-câmera para o Soldado 1, que retira o capacete e o deixa na mão, encarando a ponta do fuzil como se esta fosse apenas uma simples câmera de vídeo.

SOLDADO 1: Esse recado é pra minha pequena! Pequena, desculpa o papai não poder atender o celular quando a mamãe ligou. Talvez ela estivesse precisando de mim pra resolver sua dificuldade intestinal. Mas, com certeza, a mamãe deve ter se lembrado da massagem que o médico ensinou e que o papai fazia tão bem na sua barriguinha! Eu sei que você gosta mais quando o papai faz a massagem na sua barriguinha. Mas papai no momento está longe. O que papai está fazendo longe? Até hoje cedo, papai sabia exatamente. Mas depois da suspensão das... brincadeiras por aqui, papai está sem saber direito o que está acontecendo. Apenas avisaram que a... pilha do brinquedinho do papai está em falta no estoque. Então o papai aproveitou esse momento de paz pra mandar esse recado pra guria que ele mais ama no mundo. Papai não está sozinho não, viu?! Está aqui com o... colega de brincadeira. (*Para o Soldado 2.*) Diga um "alô" pra Carmelita.

O Soldado 2 articula a mira do fuzil-câmera pra si próprio, como se fosse fazer uma selfie.

SOLDADO 2: Alô, bebê!

O Soldado 2 coloca a mira do fuzil-câmera novamente na direção do colega-inimigo.

SOLDADO 1: Um beijo, filha! (*Para o Soldado 2.*) Pode desligar!
SOLDADO 2: O quê?
SOLDADO 1: A câmera... pode parar!

O Soldado 2, ainda com o fuzil-câmera nas mãos, começa a rir. A logística do combate havia lhe dado a chance de reversão e agora ele percebe que toda a sua divagação, desde o início dessa história, valeu a pena. Retardar a sua morte com pequenas intervenções interrogativas a um suposto inexperiente Soldado 1 resultou na improvável alternância de poder, inimaginável nos regimes mais ditatoriais do mundo. No fundo, o Soldado 2 sabia que a alternância de poder havia se articulado de modo irreversível.

SOLDADO 1: Que foi? Desliga isso! O que você está fazendo? Preciso que você pare a câmera... eu já mandei o recado pra quem eu queria.
SOLDADO 2: O homem mais poderoso do mundo... quem diria, hein?!
SOLDADO 1: Me devolve a câmera... quero dizer... me devolve a arma... o meu fuzil!

O Soldado 2 entra numa convulsão de riso, agora com a arma-câmera em riste apontada para o Soldado 1. Ambos realizando infinitos movimentos circulares no campo de batalha. O mundo gira.

SOLDADO 2: Manda mais beijinho pra filhinha, manda! Manda!

SOLDADO 1: Seu desgraçado... empresário fracassado de merda! Isso é bem típico de seu país! Traição!
SOLDADO 2: Estamos em guerra, soldado!
SOLDADO 1: A guerra está suspensa! Estamos em momento de paz temporária! Você sabe disso!
SOLDADO 2: A ausência de guerra nunca significou paz! Ela apenas está fria, mas continua latente! No fundo, todos sabemos disso!
SOLDADO 1: O que eu sei é que a Central de Fomento de Guerras nos instruiu a não retomar o combate! Pelo menos nesse momento de interrupção bélica!
SOLDADO 2: Mas eu não estou retomando o combate!
SOLDADO 1: Então, o que é isso?
SOLDADO 2: Eu apenas assumi a condição de homem mais poderoso do planeta!
SOLDADO 1: Pare com isso!
SOLDADO 2: Não vou parar! E, nesse momento, através do vídeo, todos já estão sabendo do vacilo do século. O vacilo do soldado-professor e papai de família! O soldado que perdeu o jogo por causa de uma constipação intestinal de um bebê com nome de velha!
SOLDADO 1: Por favor, devolva a minha câmera! Quero dizer... minha arma!
SOLDADO 2: Você podia ter pedido pra eu usar a câmera do meu fuzil, soldado! Mas agora já era, não é?! E o homem mais poderoso do mundo ordena que você deite na terra, se não quiser que ele exploda sua cabeça de ovo... assim que a voz autorizar a retomada do combate, é claro! Soldado, deite na terra!
SOLDADO 1: Você pegou minha arma!
SOLDADO 2: Sim... e daí?
SOLDADO 1: Isso não é legal!
SOLDADO 2: Legal em que sentido, professor? Legal de bacana? Ou legal de legalidade?
SOLDADO 1: Você está querendo impor suas regras no *front*!
SOLDADO 2: Eu não estou impondo nada, rapaz! Aqui no *front* sempre foi assim – primeiro a arma... e depois a moral!

Independentemente da legitimação ou não da voz do alto-falante.

SOLDADO 1: Então... eu não estou entendendo!

SOLDADO 2: Entendendo o quê?

SOLDADO 1: Toda essa história de Central de Fomento de Guerras... não é ela quem determina as regras aqui?

SOLDADO 2: Ah, ela apenas monitora as coisas! Você tem que lembrar que somos de países diferentes. Cada país possui seu sistema, soldado! A voz apenas procura equalizar as coisas para que os conflitos sejam justos, como nas outras duas Grandes Guerras.

SOLDADO 1: Então houve justiça nas outras Grandes Guerras, soldado-empresário?

SOLDADO 2: Claro, professor, que houve justiça nas outras Grandes Guerras! Está maluco? As condições de combate eram iguais. Você tem que admitir – quem é fraco perde! E isso vale pra qualquer país, ok?

SOLDADO 1: Fraco? Como assim, fraco?

SOLDADO 2: Quem é que está com a arma agora?

SOLDADO 1: Você!

SOLDADO 2: Então... favor respeitar o poder bélico-econômico! Você sabe que é isso que importa! Quantas armas seu país tem? Quantos aviões de guerra ele possui? Ele produz algum tipo de arma química? Investe em pesquisa de armamento? Os números, professor! São os números que importam!

O Soldado 1 continua rendido, e as mãos que antes seguravam um imponente fuzil AK-47 *agora mantêm-se resignadas atrás da própria cabeça, que promove uma secreta conferência de pensamentos sobre a nova configuração de poder naquele pequeno campo de batalha.*

SOLDADO 1: Nós não precisamos desses números, soldado!

SOLDADO 2: Claro que precisam, rapaz! Se vocês tivessem os números, talvez tivessem percebido que as águas dos seus rios não secaram por questões climáticas, mas por causa das tubulações secretas de países piratas. São os números que fazem com que um país provoque temor nos outros, soldado! E se você não provoca temor, você não é nada!

SOLDADO 1: Você não sabe o que está falando!

SOLDADO 2: Eu sei, sim! A bala de vocês é de borracha, professor? Não mata?

SOLDADO 1: Minha bala é de verdade, soldado! E você fala isso porque não quer assumir que veio pra guerra pra tentar esquecer a falência de sua loja de madeira que parou de funcionar não pela falta de demanda de mesas de centro, mas pela falta de matéria-prima. Olhe ao seu redor! Existe mais alguma árvore pra você detonar? Você esgotou a reserva, rapaz... e provocou a própria falência!

Apesar de se deixar afetar pelas lembranças de seu fracasso empresarial com a desastrosa loja de móveis de madeira, o Soldado 2 desata uma estratégica gargalhada com objetivos escusos de enfraquecer o discurso do colega-inimigo.

SOLDADO 2: Ele está falando de árvores! Ele ainda acredita em árvores! Em árvores!

SOLDADO 1: Você articulou a própria falência, soldado-empresário!

SOLDADO 2: Cale essa boca! E mire-se nos exemplos, soldado-professor!

SOLDADO 1: Nós somos o exemplo!

SOLDADO 2: Mire-se nos exemplos, rapaz! O exemplo possui a última bala de toda a Terceira Guerra Mundial! Eu possuo a última bala da história!

De repente, o Soldado 2 entra em êxtase de riso e descontrola-se com pulos displicentes sobre a minada terra seca da guerra, sempre com arma em riste e apontada para o rosto do Soldado 1.

SOLDADO 1: Por favor, pare de pular! Cuidado com as bombas adormecidas, soldado! Pare de pular! Alto-falante, por favor, se pronuncie! Alto-falante, fale alguma coisa! Desse jeito iremos todos explodir!

Em pulos, o Soldado 2 regozija-se com o fuzil-câmera nas mãos. E comemora, esquizofrênico e deslumbrado, a virada do jogo da guerra. Ele agora possui a única e última bala da Terceira Guerra Mundial. Além de ser o exclusivo detentor da pequena câmera midiática alojada na ponta daquela arma.

SOLDADO 2: Mire-se nos exemplos! Eu sou um exemplo a ser seguido pela humanidade! Sigam-me todos! Sigam-me!

A sirene volta a tocar, mas dessa vez como alerta para as bombas adormecidas no campo minado da guerra. De repente, ocorre uma explosão vinda do fundo da terra seca do antigo rio. Uma bomba adormecida foi acidentalmente acionada. Silêncio empoeirado.

Cena 12
Meu Deus... Cadê Meu Braço?

Lentamente a luz vai devolvendo visibilidade ao campo. Amanhece no front de guerra. Uma ave voa cruzando o céu, na direção contrária do pássaro do dia anterior. Fumaça e um misto de poeira e pólvora queimada vão assentando, permitindo que se possa perceber, ao chão, dois corpos. São os corpos dos Soldados 1 e 2. O Soldado 2 perdeu um braço, mas não percebe. A inconsciência das consequências das explosões no campo de batalha é uma constante nessa Terceira Guerra. Uma cegueira somente comparada ao ímpeto do desejo de vitória. O Soldado 2 preocupa-se com o fato de não estar mais com a arma nas mãos. O objeto fundamental da gênese de poder naquele pequeno espaço de terra se perdera em meio à explosão da bomba adormecida, e isso preocupa mais o Soldado 2 do que a ausência de seu braço esquerdo.

O Soldado 1 ainda jaz adormecido no chão terroso. A partir daqui, as vozes dos Soldados 1 e 2 adquirem fantasticamente uma textura de efeito-eco, como se elas estivessem distantes dos próprios soldados e perdidas na imensidão daquele antigo e seco rio.

SOLDADO 2: Cadê a arma? Onde está a arma?

O Soldado 1 acorda com a inexpressiva pergunta do Soldado 2. O Soldado 1 perdeu uma perna, mas também não percebe. Não consegue enxergar as evidentes sequelas de uma guerra interrompida e explodida.

SOLDADO 1: O que aconteceu? Cadê minha arma? Onde está? Você escondeu?

SOLDADO 2: Eu não escondi.

SOLDADO 1: Então, onde está?

SOLDADO 2: Não sei. (*Caindo em si.*) Deus!

SOLDADO 1: O que foi?

SOLDADO 2: A bomba adormecida!

SOLDADO 1: A bomba foi acionada... e acho que perdemos nossas armas! Você não devia...

SOLDADO 2: Não devia o quê?

SOLDADO 1: Você não devia ter feito isso! Você pulou sobre a bomba adormecida... e agora perdemos nossas armas nessa explosão!

SOLDADO 2: Pior... perdemos a última bala de que se tem notícia na história!

O Soldado 1 se desespera e, mesmo com dificuldades, se arrasta na tentativa de encontrar o objeto de valor. A arma por debaixo da terra.

SOLDADO 1: Deve estar aqui embaixo... vamos procurar... me ajude!

O Soldado 2, em um golpe de movimento, levanta-se. E, com o único braço que lhe resta, tenta procurar a arma desaparecida por entre a terra. Uma súbita e mútua solidariedade surge naquele campo de batalha.

SOLDADO 2: Vamos achar!
SOLDADO 1: Você se lembra qual foi sua última posição?
SOLDADO 2: Como assim, minha última posição?
SOLDADO 1: Você foi o último que estava com a arma, soldado!

Ainda sem perceber a ausência do próprio braço esquerdo, o Soldado 2 tenta lembrar da posição caminhando por diversos cantos do campo. As vozes dos soldados soam ainda no inimaginável efeito de eco.

SOLDADO 2: Acho que aqui! Não! Foi naquela posição?
SOLDADO 1: Lembra logo!
SOLDADO 2: Calma ... deixa eu me concentrar! É isso! Eu estava aqui... depois eu fui para lá!
SOLDADO 1: Sua memória é muito fraca!
SOLDADO 2: Eu vou lembrar! Calma!
SOLDADO 1: Não vai! Ainda consigo ouvir o zunido da bomba nos meus ouvidos... não tem como a gente se concentrar e lembrar!

O Soldado 2 coloca a única mão que lhe resta no ouvido. Ambos ainda não percebem que perderam um membro do corpo.

SOLDADO 2: Verdade... esse zunido nunca mais vai parar! E... eu não consigo me lembrar de nada!
SOLDADO 1: Nosso comandante vai ficar muito enfurecido com a gente!

As memórias dos soldados estão esfaceladas e distribuídas de forma desordenada em suas cabeças.

SOLDADO 2: Vamos tentar o seguinte... vem até aqui!
SOLDADO 1: Não consigo!

O Soldado 2 vai até o Soldado 1 e o puxa até a posição próxima ao poste do alto-falante.

SOLDADO 2: Você estava aí!
SOLDADO 1: Não! Não estava!

SOLDADO 2: Mas... tinha alguém aí!
SOLDADO 1: Acho que não!
SOLDADO 2: Talvez nosso comandante?
SOLDADO 1: Sim! Talvez!
SOLDADO 2: Está vendo! A gente vai conseguir! Apenas se concentre!
SOLDADO 1: Mais do que isso eu não consigo.

O Soldado 2 continua mexendo na terra seca do campo de batalha, vasculhando para ver se encontra a arma perdida. Ao vasculhar, surgem no meio da terra diversos elementos, como capacetes furados, cadernos de anotações, fotos de familiares de outros soldados, trapos de fardas, medalhas sujas de condecorações. Restos de memórias espalhados em um cenário seco e terroso, unificados somente pela cor empoeirada da fumaça.

SOLDADO 2: Achei algo!
SOLDADO 1: Onde?
SOLDADO 2: Aqui embaixo! Toquei em alguma coisa! Pode ser nossa arma!
SOLDADO 1: Puxe, soldado!
SOLDADO 2: Estou tentando!
SOLDADO 1: Isso será a salvação! Nosso comandante pode aparecer a qualquer momento! E, sem arma alguma nas mãos, seria vergonhoso pra reputação da nossa corporação!

O Soldado 2, sem um dos braços, está com muita dificuldade de retirar o objeto do fundo da terra. O Soldado 1, sem uma das pernas, rasteja em direção ao Soldado 2, na tentativa de ajudá-lo. O Soldado 1 segura a perna do Soldado 2 e começa a puxá-la como apoio ao Soldado 2. Finalmente, o Soldado 2 consegue retirar o objeto. O objeto surge ligeiro no campo, escapole da mão do Soldado 2, faz um arco no ar e cai no lado contrário dos soldados. O objeto está totalmente sujo pela terra. Imediatamente, os soldados vão em direção ao objeto e se decepcionam ao perceber que não é um fuzil, mas uma perna

humana desmembrada. Em um átimo de tempo, o Soldado 1 reconhece sensorialmente o membro perdido.

SOLDADO 1: Minha perna! Eu perdi minha perna!

O Soldado 1 observa alternadamente a perna encontrada e o vazio de espaço existente abaixo do seu tronco, em um infantil jogo mental de completar.

SOLDADO 1: Minha perna!
SOLDADO 2: Meu Deus... você só tem uma perna agora!

O Soldado 2 analisa novamente a perna encontrada.

SOLDADO 2: Realmente... essa aqui é visivelmente a sua perna!
SOLDADO 1: Existe alguma chance de colocá-la novamente no lugar?

O Soldado 2 coloca a perna do Soldado 1 ao chão e tenta aferir sinais vitais, mas percebe imediatamente a irreversibilidade do esfacelamento.

SOLDADO 2: Eu sinto muito, soldado... mas sua perna está morta!
SOLDADO 1: Minha perna!
SOLDADO 2: Não vai lhe fazer falta!
SOLDADO 1: Como não?
SOLDADO 2: Eu posso andar por você. Eu ainda tenho as duas. Se você precisar... eu estarei sempre aqui pra te ajudar!
SOLDADO 1: Obrigado. O mesmo eu digo em relação ao seu outro braço. Se precisar, eu estou aqui, ok?

O Soldado 2 finalmente percebe que a bomba adormecida explodiu um dos seus braços.

SOLDADO 2: Meu Deus... cadê meu braço?
SOLDADO 1: Desculpa... eu achei que você já tivesse percebido.
SOLDADO 2: Meu braço!
SOLDADO 1: Escuta... se achamos a minha perna aqui nessas terras, é possível que também possamos achar o seu braço!

SOLDADO 2: Você acredita nisso?
SOLDADO 1: Acredito. Vamos procurar!

O Soldado 2 e o Soldado 1 começam a procurar o braço perdido na terra.

SOLDADO 2: Achei!
SOLDADO 1: Cadê?
SOLDADO 2: Aqui!
SOLDADO 1: Jogue aqui pra mim. Deixe eu conferir! É seu braço de fato! Mas como?
SOLDADO 2: Como o quê?
SOLDADO 1: Como você o perdeu?
SOLDADO 2: Eu não lembro!
SOLDADO 1: Mas esse é nitidamente seu braço!
SOLDADO 2: É o que parece!
SOLDADO 1: Então vamos comemorar! Eu agora tenho uma perna de volta... e você, o seu braço!
SOLDADO 2: É... mas, tal e qual a sua perna, parece que meu braço está morto.
SOLDADO 1: Isso é chato!
SOLDADO 2: Isso é muito chato!

Os soldados ficam desconsolados. De súbito, o Soldado 1 se anima.

SOLDADO 1: Mas vamos comemorar mesmo assim! Venha aqui... me dê um abraço!

Constrangido, o Soldado 2 abraça com dificuldades o colega-inimigo, pois possui somente um braço. Por alguns segundos, os soldados inimigos congelam nesse abraço paradoxalmente fraterno. O sol vai se impondo, definindo agora o período da manhã e denunciando que os soldados passaram uma noite inteira em um desajustado abraço fraterno.

SOLDADO 1: Temos nossos membros de volta, soldado! Estão mortos, mas estão com a gente!
SOLDADO 2: Estão mortos, mas estão com a gente!

SOLDADO 1: Sim! Procure algo nessa mochila... vamos encontrar uma bebida pra brindar!
SOLDADO 2: Não tem bebida aqui nessa mochila! Espera aí... tem algumas coisas aqui!
SOLDADO 1: O quê? Algo pra comemorar?
SOLDADO 2: Não!
SOLDADO 1: Não?!
SOLDADO 2: Absolutamente... não!
SOLDADO 1: O que tem aí dentro?

O Soldado 2 vai tirando da mochila vários mapas e livretos. Entre os objetos, o livro Nada de Novo no Front, *de Erich Maria Remarque. Finalmente, algo lhe chama mais a atenção.*

SOLDADO 2: Um Código de Conduta da Corporação Inimiga! Essa mochila é da corporação inimiga!
SOLDADO 1: Da corporação inimiga? Devemos ficar atentos, então! Eles estão por perto!

O Soldado 2 retira uma carteira de identidade com foto e reconhece de imediato que ela pertence ao Soldado 1. A bomba adormecida havia provocado um esquecimento temporário na condição inimiga de ambos, inserindo-os naquela furtiva amizade.

SOLDADO 2: Essa mochila inimiga é sua!

Nesse instante, um tardio zunido de bomba invade fantasticamente todo o ambiente do campo, como se tivesse acabado de explodir. Os soldados tentam inutilmente tapar os ouvidos para evitar o incômodo. Logo após, as vozes dos soldados perdem definitivamente o efeito de eco.

Cena 13
Por Favor, Mantenham a Paz na Guerra!

A sirene reverbera mais uma vez por todo o campo de batalha, misturando-se ao resto de zunido deixado pela explosão da bomba adormecida. A voz do alto-falante projeta-se vigilante e invasiva pelo campo terroso e seco do antes grande e caudaloso rio. Ruídos na transmissão da voz revelam que o poste do alto-falante sofreu pequenas avarias com a explosão.

VOZ DO ALTO-FALANTE: Comunicamos que o breve recesso na guerra provocou uma confusão nas tropas! Os soldados não se percebem mais! Não conseguem identificar mais quem é quem nessa estrutura!

SOLDADO 1: A gente se percebe, sim!

SOLDADO 2: Claro que sim!

SOLDADO 1: Acabamos de perceber que perdemos um braço e uma perna!

SOLDADO 2: Provavelmente a tal da bomba adormecida!

VOZ DO ALTO-FALANTE: Foi avisado que era expressamente proibida a realização de movimentos bruscos no campo de batalha!

SOLDADO 1: Eu não me lembro desse aviso!

SOLDADO 2: Ela avisou, sim! Lá no início do confronto! Citou inclusive a bomba adormecida de Berlim... que foi lançada na década de 1940, mas explodiu somente na década de 1990!

A voz comunica-se de modo menos oficial, expressando uma certa impaciência com os soldados inimigos daquele específico campo de número 45.

VOZ DO ALTO-FALANTE: A guerra está interrompida, mas infelizmente ainda continuamos registrando a insistência dos soldados do campo 45 em proceder como se estivessem em batalha! Isso fere itens do Edital Regulamentar da Guerra, soldados! Por favor, vocês precisam seguir as instruções que lhes são transmitidas!

SOLDADO 2: Mas nós estamos seguindo as instruções! Nós não estamos em batalha! Estamos respeitando essa interrupção bélica!

VOZ DO ALTO-FALANTE: Nessa interrupção temporária, deve-se proceder como se o mundo não estivesse em combate... e nenhuma guerra estivesse acontecendo! Como se estivéssemos na mais completa paz... embora não estejamos! Realmente não se percebe em nossas unidades de controle sequer algum acionamento individual de arma de soldado.

SOLDADO 2: Está vendo? A gente não está em conflito! A gente não está em batalha!

VOZ DO ALTO-FALANTE: Mas consta uma diligência registrada sobre um fato ocorrido no campo 45 que precisa de esclarecimento e justificativa – o entrelaçamento de braços praticado por corporações antagônicas!

SOLDADO 2: Como assim?

VOZ DO ALTO-FALANTE: Os soldados inimigos realizaram a aproximação indevida de corpos de constituições divergentes. Os soldados inimigos se abraçaram! Vocês se abraçaram!

Entreolham-se, como que tentando lembrar de algum abraço dado durante a convivência naquele período de interrupção protocolar da Terceira Guerra Mundial.

SOLDADO 1: Quando?

SOLDADO 2: Nos abraçamos, sim!

VOZ DO ALTO-FALANTE: A Central de Fomento de Guerras não permite demonstração de afeto explícito ou implícito em campos de batalha! Ainda com o agravante de serem de corporações inimigas! Sigam o protocolo, por favor!

Os soldados se sentem como crianças recebendo advertência materna e se recolhem em cantos contrários do campo, afastando-se um do outro.

voz do alto-falante: Continuem aguardando as soluções que os dirigentes estão buscando para o tranquilo e pacífico prosseguimento dos conflitos! A interrupção súbita das batalhas tem demandado muitas atividades imprevistas aqui na Central de Fomento de Guerras. Passeatas e manifestações realizadas por civis contra a pausa da Terceira Guerra Mundial estão acontecendo em diversos cantos do mundo. O controle dessas manifestações está onerando bastante nossas unidades, e sequer possuímos no estoque suficiente gás lacrimogênio de efeito relaxante para os manifestantes. Por favor, colaborem... que o momento não é nada fácil para o mundo! Pela atenção, muito obrigado!

Um longo silêncio se instala no front de guerra. O Soldado 2, visivelmente constrangido e culpado, volta-se para o céu ajoelhado, como que conversando com algum deus de sua possível crença, em evidente intenção de se desculpar e justificar o esquecimento da preciosa inimizade de ambos os combatentes.

soldado 2: Realmente a bomba adormecida deve ter causado algum efeito estranho na gente! Esquecemos nossas posições inimigas por alguns instantes... mas já estamos restabelecidos!

Cena 14
O Objetivo Comum Nos Separa!

No céu formam-se nuvens carregadas. Raios sobre o campo de batalha, seguidos de trovoadas, desenham traços no horizonte. Os Soldados 1 e 2 estão sentados em posições opostas. Sozinhos, sem armas e na escuridão de uma noite finalmente sem estrelas. Mesmo relembrados da condição de inimigos, não conseguem resistir à tentação do diálogo e conversam, apáticos, entre si.

SOLDADO 1: Realmente não entendo essa situação, soldado.
SOLDADO 2: Que situação?
SOLDADO 1: Nem sabemos ao certo o porquê de estarmos aqui.
SOLDADO 2: Não sei se foi o estouro daquela bomba adormecida... mas eu nem lembro mais por que uma guerra deve continuar.
SOLDADO 1: Acho melhor a gente não tentar entender. O ideal é seguir as instruções da Central de Fomento de Guerras. Melhor a gente seguir a voz! Ela deve estar com a razão. Somos de corporações inimigas. Em verdade, não deveríamos nem estar conversando. Mesmo que estejamos tão próximos e estagnados nesse leito seco de rio, devemos encontrar um jeito de ficarmos distantes um do outro.
SOLDADO 2: Mas, no fundo, o que nos mantém distantes um do outro são nossos objetivos. Você sabe disso, não é?
SOLDADO 1: Como assim?
SOLDADO 2: Temos objetivos comuns! Isso é o que nos separa.
SOLDADO 1: Mas se temos objetivos comuns... então somos amigos.
SOLDADO 2: Não! Você nunca reparou que todos os que possuem objetivos comuns entram em conflito? O objetivo comum cria a competição. A vitória... todos querem a vitória!
SOLDADO 1: É... a vitória! Às vezes, ela atrapalha!
SOLDADO 2: Atrapalha!
SOLDADO 1: Mas se o objetivo comum separa... o que aproxima as pessoas?
SOLDADO 2: O inimigo comum, professor! Ele é quem aproxima! Nesse momento, todos em seu país não estão unidos. Estão unidos por conta de um inimigo comum... que sou eu! Se não fosse a guerra, vocês estariam na zona do objetivo comum... e brigando entre vocês! Talvez a guerra sirva pra isso... pra unir pessoas.

O céu insiste em formar nuvens carregadas de raios e trovões, que iluminam esporadicamente a escuridão do campo de batalha.

SOLDADO 1: Parece que vai chover!
SOLDADO 2: Não creio!
SOLDADO 1: Não?
SOLDADO 2: Essa trovoada é seca!
SOLDADO 1: Você tem razão... essa trovoada é seca!

O Soldado 1 olha pro céu. Em um arroubo de inspiração, uma canção lhe vem à memória. Nunca saberemos que canção foi essa. Poderíamos tentar decifrar a partir do cantarolar suficientemente baixo a ponto de impedir que reconheçamos. Talvez o Soldado 1 tenha recebido isso como instrução, para evitar o reconhecimento subjetivo de sua existência como indivíduo. O que seria facilmente aferido, caso a canção fosse reconhecida no campo de batalha. Mas a proximidade com o colega-inimigo reverte esse quadro. O Soldado 2 identifica a canção cantarolada pelo Soldado 1. Ele acessa então o mais íntimo do soldado inimigo a partir dessa escuta. Ao reconhecer a canção, o Soldado 2 cantarola também. Os Soldados 1 e 2 então cantam baixinho a mesma canção, em uníssono, ainda que dissimulem e finjam que não estão cantando a mesma música. De repente, ambos os soldados interrompem a canção, ao perceberem um invasivo som de aparelho celular no campo de batalha.

Cena 15
Pare de Me Pedir Ajuda!

SOLDADO 1: Meu celular!

O Soldado 1, na urgência pela possibilidade de ser alguma necessidade de sua bebê Carmelita, começa a procurar o aparelho celular por entre a terra.

SOLDADO 1: Onde está? Procure comigo! Me ajude!

SOLDADO 2: Não posso lhe ajudar, soldado! Eu sou seu inimigo, esqueceu?

SOLDADO 1: Deve ser minha bebê, que está precisando de alguma coisa! Ela pode não estar conseguindo respirar pelo congestionamento nasal! Procure comigo!

O Soldado 2 contém a tentação da bondade, que em princípio o atravessa, ao ver aquela criatura sem uma das pernas arrastando-se desesperadamente pelo chão ao ouvir um telefone celular tocar. Mas, apesar daquela imagem, ele resiste à tentação de ajudar.

SOLDADO 2: Já disse que não posso fazer nada! Somos inimigos!

SOLDADO 1: Não pode? Talvez você apenas não queira!

SOLDADO 2: Eu preciso seguir as regras, soldado! A voz deixou bem claro que não podemos nos solidarizar. Estamos numa guerra interrompida... mas essa interrupção não permite que você faça chantagem comigo!

SOLDADO 1: Eu não estou fazendo chantagem! Minha bebê pode estar em apuros! Me ajude! Cadê o celular?

SOLDADO 2: Você quer que eu lhe ajude pra desmoralizar o meu país! Escute aqui... a voz está atenta a tudo que fazemos, viu?!

SOLDADO 1: Por favor, me ajude!

SOLDADO 2: Por favor, pare de me pedir ajuda!

SOLDADO 1: O som está vindo daí! O celular deve estar no seu bolso.

SOLDADO 2: Eu não traria um celular pra guerra. Está maluco?

SOLDADO 1: Você, no fundo, quer que minha Carmelita morra, porque você não pode ter uma bebê!

SOLDADO 2: Mas eu posso ter um bebê! O que você está querendo insinuar com isso, soldado? Venha pegar o celular!

SOLDADO 1: Está vendo aí? Assumiu! Você não querer me ajudar... tudo bem! São as regras! Mas me sabotar?! Com certeza você deve ter roubado meu celular pra dar de presente pra sua irmã Sarah!

SOLDADO 2: Nós não somos inimigos, soldado-professor? Então vamos a fundo nisso, rapaz! Venha pegar o celular! Vem!

SOLDADO 1: Você não tem capacidade de ser inimigo de ninguém, soldado-empresário! Você fracassou antes mesmo do início dos conflitos... quando sua empresa de mesas faliu! Você é um perdedor! Você não sabe fazer dinheiro! Nunca saberá!

SOLDADO 2: Soldado aleijado!

O Soldado 2, sem braço, pula ferozmente sobre o Soldado 1, sem uma perna. Os dois agora lutam no chão agressivamente. A sirene do campo de batalha começa a tocar em alerta por causa da eminência de novo estouro de uma bomba adormecida. O celular continua a tocar. No céu, trovoadas e fortes raios iluminam a noite no front dessa guerra estagnada. Após uma segunda trovoada, fantasticamente começa a cair do céu uma chuva de pétalas brancas sobre os dois soldados, que lutam ferozmente no chão terroso e seco do campo de batalha. Insistentemente a sirene toca. Logo em seguida, a voz do alto-falante ecoa em urgência.

VOZ DO ALTO-FALANTE: Não se abracem! Parem com esses contatos físicos! Respeitem o momento de interrupção! Não insistam em combates! Precisamos simular uma paz! Não temos mais nada de munição por aqui! Acabou tudo! Vocês estão infringindo uma Convenção Internacional de Guerra! Por favor, mantenham a paz na guerra!

Enquanto a voz do alto-falante grita, a chuva torrencial de pétalas brancas continua a cair insistentemente sobre o campo, e os dois soldados inimigos permanecem em luta não autorizada. Ambos brigam displicentemente sobre a terra minada, esquecendo-se dos perigos das bombas adormecidas. Enquanto os dois soldados brigam fantasticamente, frases-notícias são pronunciadas por uma avariada voz do alto-falante.

VOZ DO ALTO-FALANTE: Torcedores do time do São Paulo bateram com barras de ferro em um torcedor do time do Santos que esperava um ônibus, até matá-lo. Um casal de lésbicas foi espancado ao sair de um bloco de Carnaval, no Rio. No interior de São Paulo, um adolescente correu atrás de um suspeito de assalto e lhe aplicou um golpe chamado "mata-leão". O suspeito, de 22 anos, teve um infarto após ser imobilizado. Ao deparar-se com blocos de Carnaval interrompendo o trânsito, em São Paulo, um homem acelerou o carro e feriu dez pessoas.

Um morador de rua foi linchado e teve afundamento craniano em São Paulo por ter pego um xampu de um supermercado. No Rio, mais um adolescente foi amarrado e agredido depois de furtar um celular. Linchamentos eclodiram em todo o país depois do caso do garoto acorrentado com uma trava de bicicleta no Flamengo. No Rio, cinegrafista é morto com rojão de fogos ao realizar cobertura de manifestos. Na Baixada Fluminense, um homem executou um suspeito de assalto com três tiros, em plena rua e durante o dia. Mais de quarenta ônibus foram incendiados em São Paulo em 2014. Terreiro de Candomblé é invadido e destruído por representantes de outras religiões. Neonazistas se lançam em alto-mar e disparam lanças que furam botes de refugiados no Mar Mediterrâneo. Bebê de refugiado é encontrado morto na beira do mar. Doze adolescentes negros são eliminados em ações capitaneadas pela polícia no bairro do Cabula, em Salvador. No Brasil, oposição partidária assume função destrutiva contra a governabilidade. Famosa atriz de televisão é ofendida nas redes sociais pelo fato de ser negra. Em boate francesa, possíveis terroristas executam 144 civis, após serem perguntados sobre qual religião eles pertenciam.

No meio do surto noticiário da voz do alto-falante, de súbito uma outra bomba adormecida é acionada devido novamente aos movimentos bruscos da luta entre os dois soldados inimigos. O campo de batalha fica praticamente invisível devido à fumaça provocada pela explosão.

Cena 16
O Tronco Falante

A poeira assenta, e percebemos no campo apenas uma cabeça ao chão (do Soldado 2) e a metade de um corpo composto por uma cabeça e tronco, sem braços (do Soldado 1). Esses restos humanos, que estão jogados no fundo seco de um antigo rio caudaloso, iniciam um improvável diálogo.

SOLDADO 1 (*apenas tronco-cabeça*): Onde está meu celular?
SOLDADO 2 (*apenas a cabeça*): Deve ter sumido nessa terra!
SOLDADO 1: E agora?
SOLDADO 2: Você ainda foi perder a última bala!
SOLDADO 1: Essa maldita bomba que estourou o nosso último objeto de valor!

A cabeça e o troco-cabeça contemplam um reflexivo e longo silêncio. Parecem ainda não perceber a condição desmembrada em que se encontram.

SOLDADO 1: Uma vez eu li uma frase de um poeta que me deixou intrigado.
SOLDADO 2: Poeta? O que diz um poeta?
SOLDADO 1: No meio da vida, a gente recebe a visita da morte. Mas, nessa visita, ela não leva a gente embora. Ela apenas deixa um sinal. E esse sinal a gente leva pra vida toda. Até a morte!
SOLDADO 2: Será?
SOLDADO 1: Você sabe qual foi o seu sinal?
SOLDADO 2: O meu?
SOLDADO 1: É. O seu sinal!
SOLDADO 2: Não sei. Talvez a morte ainda não tenha me visitado... pra deixar esse sinal.
SOLDADO 1: Você pode não ter percebido a visita, soldado!

SOLDADO 2: Se eu não percebi a visita, logo não vou reconhecer o sinal.
SOLDADO 1: O sinal a gente pode fingir que não vê... mas no fundo a gente reconhece. Em mim você reconhece algum sinal?
SOLDADO 2: Aonde você quer chegar com essa conversa? O que está acontecendo?
SOLDADO 1: Eu perdi minhas pernas. Eu perdi meus braços. Não vê? Virei um tronco falante!

O Soldado 2 tenta mover o rosto em direção ao colega-inimigo, mas não consegue girar a cabeça, pois ela está jogada, isolada e encravada no chão terroso, sem o apoio de um corpo. De repente, ele arregala os olhos, como que tomando consciência de que algo estranho aconteceu com ele.

SOLDADO 2: O que aconteceu comigo, professor? Por favor, me ajude... eu não consigo mover um dedo!

O Soldado 1 finalmente repara no Soldado 2 e percebe que ele está reduzido a uma cabeça.

SOLDADO 1: Meu Deus!
SOLDADO 2: Apesar de tudo, por favor, me ajude!
SOLDADO 1: Eu não consigo.
SOLDADO 2: Como não consegue? E pensar que você já foi o homem mais poderoso do mundo! Por favor, me ajude! Eu não sinto nada!
SOLDADO 1: Eu sinto muito, soldado-empresário! Mas você é um nada! A gente é nada nesse mundo!
SOLDADO 2: O que é isso, rapaz? Eu sou um soldado... defendo meu país e aguardo firmemente a retomada da Terceira Guerra Mundial!
SOLDADO 1: Não... você não entendeu! Você é nada mesmo!

O Soldado 2 revira os olhos, tentando enxergar o corpo totalmente inexistente.

SOLDADO 1: Você é apenas uma cabeça pensante... uma consciência errante que vaga no fundo seco de um leito de rio!

Como uma ponta de lança, a consciência atinge o Soldado 2.

SOLDADO 2: Ahhhhhhhhhh!!!!!!!

Cena 17
As Cabeças Pensantes

VOZ DO ALTO-FALANTE: Comunico uma nova infração referente a este campo. O departamento de comunicação está tendo dificuldades com a avaria provocada nas câmeras *selfie-guns* de vocês! Eles não conseguem captar mais nada que acontece aqui no campo 45. Obrigamos essa unidade de comando a enviar relatórios descritivos com informações de natureza comportamental ao departamento. A boa notícia é que encontramos uma forma de retomar a produção de munição da bomba barril. Um velho artefato utilizado na Primeira Guerra dará a possibilidade de reiniciar alguns pequenos combates em regiões estratégicas nessa conturbada Terceira Guerra Mundial! Em relação aos soldados mutilados neste campo 45, que se tornaram apenas cabeças pensantes, a partir de uma videoconferência realizada pela Central de Fomento de Guerras, foi considerado inútil manter cabeças pensantes. O que seria feito com isso?
SOLDADO 2: Pensar! Podemos ainda pensar!
VOZ DO ALTO-FALANTE: Pensar? Pra que pensar? Pensar pra quê? O protocolo reza que logo nossos funcionários de limpeza deverão ter acesso ao campo de batalha de número 45 para coletar as cabeças pensantes de vocês e despejar no reservatório de dejetos de guerra. Encerramos agora nossas

conexões de transmissão com este campo para comunicarmos também a boa nova ao campo de número 13, onde, neste momento, soldados inimigos jogam baralho, uma das consequências lastimáveis e oriundas da abrupta interrupção de uma guerra bem-sucedida, que acaba provocando aproximações ilegais e não previstas nos editais! Muito obrigado pela participação de vocês!

Um longo silêncio se instala no front.

Cena 18
Finalmente a Chuva

Trovoadas voltam a ecoar no campo de batalha, com raios que lampejam em todo o ambiente desse árido e antigo rio. A cabeça do Soldado 2 está disposta no chão ao lado do tronco sem braços do Soldado 1.

SOLDADO 1: E agora?
SOLDADO 2: Agora é esperar!
SOLDADO 1: Esperar o quê?
SOLDADO 2: O coletor de dejetos.

Com muito esforço, o Soldado 2 olha para o céu carregado de nuvens.

SOLDADO 2: Acho que... finalmente vai chover!
SOLDADO 1: É... também acho que vai chover! Você acha que ela vai ficar bem, soldado?
SOLDADO 2: Ela quem?
SOLDADO 1: Minha bebê. Ela vai ficar bem?
SOLDADO 2: Vai sim, professor. Sua bebê vai ficar muito bem. Acredite!

O céu troveja com mais força, e uma gradativa chuva cai sobre os restos de corpos dos dois soldados inimigos, limpando e revelando os seus rostos, que estiveram, ao longo de todo o interrompido embate, sujos de lama seca da guerra. Os Soldados 1 e 2 deixam escapulir um certo contentamento com a chuva, através de um leve e não finalizado sorriso. Ouve-se, ao longe, como que vindo de alguma festa domiciliar, a misteriosa canção cantarolada pelos soldados quando ambos ainda tinham um corpo. A canção os faz lembrar de um breve momento em que os dois inimigos arriscaram uma fracassada comunhão durante a fantástica interrupção de uma guerra bem-sucedida. A chuva cai torrencialmente sobre os restos mortais (ainda que vivos) dos soldados, confundindo-se com supostas lágrimas derramadas por motivos inalcançáveis.
É o fim.

Apêndice

Fichas Técnicas de Estreia dos Espetáculos

Namíbia, Não!

Estreia mundial em 17 de março de 2011 na Sala do Coro do Teatro Castro Alves, Salvador, Bahia, Brasil.

Texto: Aldri Anunciação
Direção geral: Lázaro Ramos

Elenco: Flávio Bauraqui e Aldri Anunciação
Stand in: Fernando Santana e Sergio Menezes
Vozes de Personagens em Off:
  Ministro da Devolução: Wagner Moura
  Seu Nina (Seu Lobato): Pedro Paulo Rangel
  Seu Machado: Lázaro Ramos
  Mãe Idosa: Léa Garcia
  Dona Araci: Suely Franco
  Socióloga: Ana Paula Bouzas
  Glória Maria: Luis Miranda
  Leda Nagle: Maria Beltrão
  Capitão Ricardo: Edmilson Barros
  Apresentadora de TV: Cláudia Ventura
  Repórter: Antônio Fragoso
  Policial 1: Caio Rodrigo
  Policial 2: Marcelo Flores
  Garota Assaltada: Laura Castro
  Moleque: Francisco Pithon
  Advogado: Filipe Pires

Diretores assistentes: Ana Paula Bouzas, Caio Rodrigo e Thiago Gomes
Direção musical: Arto Lindsay, Wladimir Pinheiro e Rafael Rocha
Supervisão artística: Luiz Antônio Pilar
Produção musical: Rodrigo Coelho e Rafael Rocha
Desenho de luz: Jorginho Carvalho
Cenário: Rodrigo Frota
Figurino: Diana Moreira
Visagismo gráfico: John Santana
Assessoria de comunicação: Bia Sampaio e Alê Pinheiro
Assistente de produção: Kennia Orsetti
Direção de produção: Laura Castro, Marta Nobrega e Renata Peralva

Embarque Imediato

Estreia mundial em 30 de maio de 2019 na Sala do Coro do Teatro Castro Alves, Salvador, Bahia, Brasil.

Texto: Aldri Anunciação
Direção: Márcio Meirelles
Codireção: Fernando Philbert

Elenco: Antônio Pitanga e Rocco Pitanga
Personagens em Vídeo e Off: Camila Pitanga e Aderbal Freire Filho

Figurino de Velho Cidadão: Goya Lopes
Figurino de Jovem Cidadão: Chico Peres
Cenário: Erick Saboya
Desenho de luz: Irma Vidal
Música: Jarbas Bittencourt
Design de Vídeo: Rafael Grilo
Assessoria de Comunicação: Mônica Santana e Bia Sampaio
Diretores Assistentes: Bárbara Barbará e Edu Coutinho
Assistente de produção: Kennia Orsetti
Direção de produção: Fernanda Bezerra

O Campo de Batalha

Estreia mundial em 31 de janeiro de 2015 no Centro Cultural Banco do Brasil, São Paulo, Brasil.

Texto: Aldri Anunciação
Direção: Márcio Meirelles
Codireção: Lázaro Ramos e Fernando Philbert

Elenco: Rodrigo dos Santos e Aldri Anunciação
Stand in: Felipe Khoury e Danilo Cairo
Voz da Guerra: Fernanda Torres

Iluminação: Jorginho de Carvalho
Cenário/Figurino: Nello Marrese
Design de Vídeo: Rafael Gallo
Assessoria de Comunicação: Bia Sampaio
Assistente de Produção: Kennia Orsetti
Direção de Produção: Laura Castro, Marta Nóbrega e Renata Peralva

Este livro foi impresso na cidade de São Bernardo do Campo,
nas oficinas da Paym Gráfica e Editora, em setembro de 2020,
para a Editora Perspectiva.